老板财税管控:
财务管理100问

肖琼 著

中国商业出版社

图书在版编目（CIP）数据

老板财税管控：财务管理100问/肖琼著.--北京：中国商业出版社，2022.1

ISBN 978-7-5208-1891-9

Ⅰ.①老… Ⅱ.①肖… Ⅲ.①财务管理—问题解答 Ⅳ.① F275-44

中国版本图书馆 CIP 数据核字（2021）第 228389 号

责任编辑：包晓嫱 佟 彤

中国商业出版社出版发行
010-63180647 www.c-cbook.com
（100053 北京广安门内报国寺 1 号）
新华书店经销
香河县宏润印刷有限公司印刷

*

710 毫米 ×1000 毫米 16 开 14.5 印张 210 千字
2022 年 1 月第 1 版 2022 年 1 月第 1 次印刷
定价：68.00 元

****

（如有印装质量问题可更换）

前言

企业经营与管理是一门大学问，而企业的财务管理又是其中的关键板块。一家企业，在整个生产经营过程中会涉及各个方面的经济关系，同时还会涉及全方位的资金活动。而财务，泛指财务活动和财务关系。因此，老板想要看清整个企业的经营状况，财务就是一双非常合适的"眼睛"。

财务管理是企业管理的重心和关键所在，企业的财务管理工作质量的高低不仅直接关系着企业的总体发展，还关系着企业在市场竞争中的地位以及企业的社会形象。随着市场经济的飞速发展，企业间的竞争可谓是更加激烈。不过，很多企业的财务管理体制并没有随之一起进步和完善，甚至还有些企业的财务管理制度不够健全，导致企业的财务工作一塌糊涂。因此，不断优化财务管理便成了众多企业老板的一件迫在眉睫的大事。

对企业的发展来说，不管其规模有多大，拥有什么样的行业背景，这些都不是最重要的，最终决定企业是否能长久发展的是财务管理机制。良好的企业财务管理，可以使小企业由弱变强，逐渐发展成为一个大企业；还可以在经济萧条的背景下，使企业依然能够获得不错的收益。对于老板来说，想要达成这一目的，就要不断地学习并掌握企业财务管理的相关知识，只有这样才能灵活地运用各种企业财务管理方法，为企业的发展提供原动力。

作为企业经营管理的核心人物，你是不是很多时候会有这样一些困惑：

我不懂财务，会不会影响公司的良性发展？

我也想学习财务知识，但这不是我的专业，从何入手呢？

我需要像专业的财会人员一样，掌握所有的财会知识吗？

我能从哪些地方或资料中了解公司的经营现状？

企业的经营成本太高了，我要如何控制成本？

企业的产品总是出现滞销现象，本金回笼较慢，我要如何做才能加快资金周转速度？

公司是否存在税务风险？我要怎样才能分析和判断？

公司经济实力不够强大，我需要做些什么来防范经营风险，使企业处于相对稳定的发展环境中呢？

诸如此类疑问，经常给一些企业老板或管理者带来困扰，鉴于此，我们编写了这本《老板财税管控：财务管理100问》，旨在为企业的领导者和管理者提供一些管理思路和启发，帮助他们更好地进行企业财务管控工作，维护好企业发展的"命脉"。

本书从成本管理、预算管理、现金管理、利润管理、税务管理、薪酬管理、融资管理和投资管理等方面，以言简意赅、通俗易懂的文字为广大企业老板答疑解惑，娓娓道来。具有针对性、实行性、可操作性等特点；内容细致而不烦琐、深入浅出而不流于形式，对我们的财务管理工作有重要的指导意义。

目录

第1章

成本管理：省出的每一分钱都是利润

第1问　什么是成本 / 2

第2问　成本控制包括哪几个方面 / 3

第3问　成本控制的方法有哪些 / 5

第4问　如何进行成本预测 / 7

第5问　成本决策的方法有哪些 / 9

第6问　怎样才能作好成本分析 / 11

第7问　如何作成本性态分析 / 13

第8问　"本量利"分析的关键是什么 / 15

第9问　什么是 ABC 成本分析 / 16

第10问　如何应用"边际贡献" / 18

第11问　怎么作保本分析 / 20

第12问　如何作保利分析 / 23

第13问　什么是利润敏感分析 / 25

第2章

预算管理：三军未动，粮草先行

第14问　老板审核财务预算的关键内容是什么 / 30

第15问　什么是固定预算 / 31

第16问　弹性预算的编制方法有哪些 / 33

第17问　财务预算重点审批流程包括什么 / 35

第18问　销售预算的预测方法有哪些 / 38

第19问　产品成本预算的编制方法有什么 / 41

第20问　如何控制经营预算 / 43

第21问　资本预算如何控制 / 46

第22问　怎样控制现金预算 / 48

第3章

现金管理：保证企业血脉畅通

第23问　现金的使用范围是什么 / 52

第24问　企事业单位的库存现金限额是如何规定的 / 53

第25问　现金的保管应该注意什么 / 55

第26问　如何保持最佳现金持有量 / 57

第27问　怎样编制现金流预算 / 60

第28问　什么是现金折扣 / 63

第29问　应收账款的管理方法有什么 / 65

第30问　如何控制现金支出 / 67

第31问　其他货币资金有哪些 / 69

第32问　如何进行企业经营现金净流量能力分析 / 71

第33问　银行存款管理中常见的错弊行为有哪些 / 73

第34问　怎样进行备用金的明细分类核算 / 76

第4章

利润管理：让企业具有更强的"吸金"力

第35问　怎样在日常经营管理中挤出利润 / 80

第36问　如何开辟新利润源 / 82

第37问　怎样才能快速获得利润 / 84

第38问　如何盘活企业资产 / 86

第39问　怎样获得稳定的利润来源 / 87

第40问　创业期如何生存发展 / 89

第41问　多元化之路该不该走 / 91

第42问　让产品更有价值的秘诀是什么 / 94

第43问　降低成本可以提高利润吗 / 97

第44问　怎样才能实现企业发展"三级跳" / 99

第45问　如何让利润滚雪球式增长 / 101

第46问　市场份额大就能获得高利润吗 / 103

第47问　市场占有率过时了吗 / 105

第5章

税务管理：实现税后利润最大化

第48问　企业税务风险管理的基本方法有什么 / 110

第49问　常见的增值税优惠政策有哪些 / 112

第50问　消费税是怎么核算的 / 114

第51问　企业所得税有哪些减免措施 / 115

第52问　新个人所得税法有哪些修改 / 117

第53问　印花税的筹划技巧有哪些 / 119

第54问　如何做契税的纳税筹划 / 121

第55问　房产税的纳税筹划方式有哪些 / 123

第56问　车辆购置税如何做纳税筹划 / 126

第57问　车船税的纳税筹划技巧有哪些 / 128

第58问　城市维护建设税的筹划方式有哪些 / 131

第59问　城镇土地使用税如何做纳税筹划 / 132

第60问　进出口关税有哪些优惠政策 / 135

第6章

薪酬管理：最有效的激励手段

第61问　薪酬管理包括哪些内容 / 140

第62问　什么是非经济性薪酬 / 141

第63问　如何理解薪酬管理的公平原则 / 143

第64问　什么是薪酬激励 / 146

第65问　什么是战略性薪酬 / 147

第66问　实施职位薪酬的前提条件是什么 / 149

第67问　什么是职位薪点工资 / 150

第68问　实行技能薪酬应考虑哪些因素 / 152

第69问　什么是绩效薪酬 / 155

第70问　绩效薪酬的实施要点有哪些 / 157

第71问　股权激励的设计要点是什么 / 159

第72问　自主福利有什么作用 / 163

第73问　企业自主福利的内容有哪些 / 164

第7章

融资管理：用别人的钱创造价值

第 74 问　融资会给企业带来哪些改变 / 168

第 75 问　企业融资的渠道有哪些 / 170

第 76 问　融资决策的基本原则是什么 / 172

第 77 问　没钱才需要融资吗 / 174

第 78 问　融资决策的基本程序是什么 / 176

第 79 问　融资决策的关键点有哪些 / 177

第 80 问　如何控制融资风险 / 178

第 81 问　天使投资的模式有哪些 / 179

第 82 问　股权众筹有哪些模式 / 182

第 83 问　风险投资的六要素有什么 / 183

第 84 问　首次公开募股有什么特点 / 186

第 85 问　银行贷款有哪几种类型 / 188

第 86 问　债券融资的常用形式有哪些 / 189

第 87 问　应收账款融资的基本类型有什么 / 190

第8章

投资管理：用闲置的钱去生钱

第 88 问　财务决策的基本方法有什么 / 194

第 89 问　投资决策分析的指标有哪些 / 197

第 90 问　固定资产投资的方法有什么 / 199

第 91 问　宏观经济环境变化对投资战略有什么影响 / 202

第 92 问　企业应避免哪些投资决策误区 / 204

第93问　如何进行多元化投资 / 207

第94问　投资决策时的市场定位分析包括什么 / 209

第95问　产品市场对公司决策的影响体现在哪些方面 / 210

第96问　投资的产品如何定位 / 212

第97问　什么是损失规避 / 214

第98问　投资决策如何用好财务杠杆 / 215

第99问　投资决策体系至少要分几个层次 / 217

第100问　投资决策面临的主要风险有哪些 / 219

第1章
成本管理：
省出的每一分钱都是利润

在企业生产经营过程中，难免会产生各种成本费用，成本费用能够直接反映企业资金的消耗量，在企业收入保持稳定的情况下，它将直接决定企业的盈利水平。所以，老板必须对企业的成本费用进行有效管控，这样企业预期的经济效益才会有保障。

第1问　什么是成本

【案例】

甲公司是一家生产多种饮料的公司，2021年5月，购进用于生产饮料的原材料共两批，合计8万元，支付生产工人工资共11万元，车间管理人员工资1.6万元。公司内部其他部门发生的管理费用、销售费用和财务费用等，共计15.5万元。不考虑其他因素，已知生产A、B、C、D这4种饮料所耗费的工时相等，则关于成本与费用的说法如下：

原材料8万元、生产工人工资11万元、车间管理人员工资1.6万元以及3种间接费用15.5万元均可以称为"费用"。将8万元、11万元和1.6万元在饮料A、B、C、D之间进行分配，每种饮料分得5.15万元（20.6÷4），这5.15万元分别是这4种饮料的"产品成本"或者"生产成本"，另外的间接费用15.5万元依然是"费用"。这里的5.15万元就是对8万元、11万元和1.6万元这些费用进行归集后产生的一个成本数据，即成本是具体化了的费用。

【解析】

成本是企业进行生产经营活动过程中消耗各种资源的货币体现，它是商品价值组成中的一部分。比如，生产时消耗的各种生产资料和劳动力对应的成本，组织开展销售活动耗费的资源对应的成本，为了管理企业的各种经济活动而消耗的资源对应的成本等。

成本是企业为了达到一定的经营目的而需要付出的价值牺牲，在财务会计上，广义的成本包括成本和费用，狭义的成本仅指生产成本、产品成本和销售成本等。

成本和费用是两个独立的概念，但两者存在一定的关系。成本是已经过划分、归集而对象化了的费用。比如企业当期发生的费用，在根据不同产品或生产步骤等这些成本计算对象进行划分和归集后，就成了生产成本或产品成本。费用是资产的耗费，核算单位是会计期间，而成本与产品有关。

第2问　成本控制包括哪几个方面

【案例】

有A、B两家公司，A公司收入10元，成本8元，利润2元；B公司收入10元，成本9元，利润1元。当经济危机来临或市场竞争激烈时，A公司依然使用最典型的方法——价格战，把产品价格降到9元，这样A公司还有1元的利润；而B公司的成本已经是9元了，如果也把价格降到9元，就没有丝毫利润可言，只能勉强维持。此时，如果A将价格降到8元，虽然利润为0，但还能继续维持；但如果B也把价格降到8元，就已经是亏损状态了。

【解析】

在市场经济条件下，企业间的竞争十分激烈，而成本费用在企业竞争中占据着非常重要的地位。很多企业的资源浪费情况十分严重，普遍存在着高次品率、高库存量等现象，这不仅增加了企业成本费用，而且是对有限资源的极大浪费，严重削弱了企业的竞争能力。

那么，老板想要节省成本，避免浪费，就要从细节做起，科学地实施成本控制，只有这样才能使企业永葆旺盛的生命力，立于不败之地。在老板具体实施成本控制的过程中，主要包括哪几个方面呢？

3

1. 降低筹资成本

资金成本是指企业在筹集和使用资金过程中所产生的费用，其中包括资金筹集费用和资金占有费用。资金成本作为企业的一项耗费，被当作收益的减项来得到补偿，所以，资金成本是老板降低企业成本的一项不可忽视的费用。

老板要想降低资金成本，就要根据企业的实际情况，通过市场预测，确定商品流转总额，并结合企业以往流通资金周转速度，确定合理资金的需要量。这样可以有效避免因资金数量的不足而影响企业正常经营，或者是造成资金积压，利息太高而导致产生较高的筹资成本。

2. 降低物资采购成本

老板要想降低采购成本，就要认真分析供货市场，及时调整采购策略。同时，根据企业以往的材料预算，提前做好材料储备工作，合理避开原材料需求高峰；通过采购时间差，避开高价采购时间，有效地降低采购成本。另外，老板还可以通过信息技术，如电子商务等搜寻市场信息，获得正确的市场价格，这对指导成本核算、指标确定和目标控制工作非常有利。更重要的一点是，老板还能通过与信誉度高的企业长期合作，让企业的物资采购获得长期的折扣，这也是降低采购成本的一种途径。

3. 降低原材料成本

在企业的生产成本中，原材料成本大约占60%，所占的比重很大，所以老板就需要节约材料来避免生产中的跑和漏等现象，以此来降低成本费用。在企业生产过程中，原材料成本的降低在企业经营中起着非常重要的作用，将直接影响材料采购的多少。如果原材料的成本降低了，产品的价格保持不变，那么企业的利润就会大大增加。

想要达成这一目标，老板首先应制定产品的单位材料消耗定额，还要编制完工预算，并根据此预算向供应部门下达材料采购计划。然后，由生产部门再编制生产预算，制定材料消耗定额。由于在生产过程中需要不断消耗原材料，老板可以制定领料管理制度，要严把材料消耗定额关，根据产品产量和消耗定额对材料进行限额控制。同时还要加强考核力度，实行奖惩制度。这样，老板就能有效地控制原材料成本费用。

4. 降低仓储成本

库存太多，就会无形中增加企业的成本费用。老板要想降低仓库储存成本，就要认真调查市场的产品需求量，按照市场需求来开发产品和组织生产，缩短产品的待售时间，减少产品的待售数量，降低产品的无形损失，从而降低仓储成本。另外，在产品生产过程中，保证产品质量也很重要。将产品质量保持在一个适当的范围内，就能有效地避免生产过程中出现废品，这也是降低仓储成本的一种有效方式。

5. 降低期间费用成本

期间费用是一种不计入产品成本的当期费用，与当期产品的销售和管理有直接的联系，而与产品的制造等过程没有直接关系。它主要包括直接从企业当期产品销售收入中扣除的管理费用、销售费用和财务费用。可以说，期间费用是企业费用支出的重要组成部分，降低期间费用，从而有效地降低成本费用。

老板要想降低期间费用，就要制定严格的期间费用控制体系，其中包括预算控制、定额控制和审批控制；还要注重企业的经营模式的转变，加强内部控制，促使期间费用控制制度形成一种企业文化，增强自我约束能力，逐渐养成一种良好的开支习惯。

第3问 成本控制的方法有哪些

【案例】

光大公司制造甲产品需要A、B两种直接材料，标准价格分别为8元/

千克、9.2元/千克，单位产品的标准用量分别是11元/件、14元/件；本期共生产甲产品2 400件，实际耗用A材料32 000千克、B材料27 000千克。A、B两种材料的实际价格分别为6.6元/千克、12元/千克。

直接材料成本差异计算分析如下：

A材料价格差异=（6.6-8）×32 000=-44 800（元）（节约差）

B材料价格差异=（12-9.2）×27 000=75 600（元）（超支差）

甲产品直接材料价格差异30 800元（超支差）

A材料标准用量=2 400×11=26 400（元）

B材料标准用量=2 400×14=33 600（元）

A材料用量差异=（32 000-26 400）×8=44 800（元）（超支差）

B材料用量差异=（27 000-33 600）×9.2=-60 720（元）（节约差）

甲产品直接材料用量差异 -15 920元（节约差）

甲产品直接材料成本差异=30 800-15 920=14 880（元）（超支差）

一般来说，直接材料价格差异应由采购部门负责，直接材料的用量差异一般应由生产部门负责。

【解析】

依据成本控制标准，成本控制的基本方法包括目标成本法、标准成本法、定额成本法、作业成本法、价值工程法等。

1. 目标成本法

目标成本法是一种以市场为主、以顾客需求为导向，在产品规划、设计阶段就着手努力，运用价值工程，进行功能成本分析，达到不断地降低成本、增强竞争能力的一种成本管理方法。

2. 标准成本法

标准成本法是一种以标准成本为控制对象的成本管理方法，标准成本控制法主要涉及标准成本的计算。标准成本计算也称标准成本控制制度，是指为产品成本规定各项标准，并适用于企业管理工作中对产品成本进行有效控制的一种成本计算方法。

3. 定额成本法

定额成本法的基本原理是，在实际费用发生时，将其划分为定额成本与各种差异两部分来汇集，并分析差异发生的原因，及时反馈到成本管理部门予以纠正。

月终以产品定额成本为基础加减所汇集和分配的各种成本差异（包括定额变动差异、脱离定额差异、材料成本差异），就能得到产品实际成本。

4. 作业成本法

作业成本法，又叫作业成本计算法或作业量基准成本计算方法，是以作业为核心，确认和计量耗用企业资源的所有作业，将耗用的资源成本准确地计入作业，然后选择成本动因，将所有作业成本分配给成本计算对象（产品或服务）的一种成本计算方法。

作业成本控制将重点集中在作业上，以作业为核心，依据作业对资源的消耗情况，将所消耗的资源的成本分配到作业，再由作业依据成本动因追加到产品成本的形成和积累过程，由此得出最终产品成本。

5. 价值工程法

价值工程法，指的是通过集体智慧和有组织的活动对产品或服务进行功能分析，使目标以最低的总成本（寿命周期成本），可靠地实现产品或服务的必要功能，从而提高产品或服务的价值。

第4问　如何进行成本预测

【案例】

甲公司是一家汽车挡风玻璃批发商，为5家汽车制造商提供挡风玻璃，为了降低与存货有关的总成本，有关资料如下：

（1）挡风玻璃的单位进货成本为1 300元。

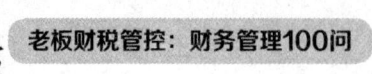

（2）全年需求预计为9 900块。

（3）每次订货发出与处理订单的成本为38.2元。

（4）每次订货需要支付运费68元。

（5）每次收到挡风玻璃后需要验货，验货时外聘一名工程师，验货需要6小时，每小时支付工资12元。

（6）为存储挡风玻璃需要租用公共仓库。仓库租金每年2 800元，另外按平均存量加收每块挡风玻璃12元/年。

（7）挡风玻璃为易碎品，损坏成本为年平均存货价值的1%。

（8）公司的年资金成本为5%。

（9）从订货至挡风玻璃到货，需要6个工作日。

根据以上资料，计算下列指标。

每次订货的变动成本=38.2+68+6×12=178.20(元)

每块挡风玻璃的变动储存成本=12+1300×1%+1300×5%=90(元)

【解析】

成本预测，是指根据历史成本资料和成本信息数据，结合目前的经济技术条件、外界环境变化、企业发展目标等内外因素，利用一定的科学方法，对未来成本水平及其变化趋势所进行的推测和估算。

假若产品过去的成本资料比较健全，常用的成本预测方法有高低点法、定量预测法、趋势预测法、因果预测法、定性预测法。

1. 高低点法

高低点法指在若干连续时期中，选择最高业务量和最低业务量两个时间节点的半变动成本进行对比，求得变动成本和固定成本的一种分解半变动成本的方法。

2. 定量预测法

定量预测法是指根据历史资料以及成本与影响因素之间的数量关系，通过建立数学模型来预计推断未来成本的各种预测方法的统称。

3. 趋势预测法

趋势预测法是按时间顺序排列有关的历史成本资料，运用一定的数学模型和方法进行加工计算并预测的各类方法。趋势预测法包括简单平均法、平均法和指数平滑法等。

4. 因果预测法

因果预测法是根据成本与其相关之间的内在联系，建立数学模型并进行分析预测的各种方法。

5. 定性预测法

定性预测法是预测者根据掌握的专业知识和丰富的实际经验，运用逻辑思维方法对未来成本进行预计推断的方法的统称。

第5问　成本决策的方法有哪些

【案例】

在小批单件生产的机械厂，最终产品是经过铸造、机械加工和装配等相互联系的生产阶段完成的。就其最终产品来看，产品成本的计算应采用分批法，但从其产品生产的各阶段来看则不然。铸造车间可以采用品种法计算铸件的成本；加工、装配车间则可以采用分批法计算各批产品的成本；而铸造和加工、装配车间之间，则可以采用逐步结转分步法结转铸件的成本；如果加工和装配划分为两个车间，并要求分步骤计算成本，但加工车间所产半成品种类较多，不需要计算半成品成本，则在加工车间和装配车间之间，还可以采用平行结转分步法计算成本。这样，该企业就在分批法的基础上，结合采用了品种法和分步法，又在分步法中结合采用了逐步结转和平行结转两种方法。

【解析】

成本决策是指依据掌握的各种决策成本及相关数据，对各种备选方案进行分析比较，从中选出最佳方案的过程。成本决策与成本预测紧密相连，它以成本预测为基础，是成本管理不可缺少的一项重要职能。

成本决策所采用的专门方法，因决策的具体内容和掌握资料的不同而各有不同。但其最常用的专门方法有差量损益分析法、总额分析法、相关成本分析法、成本无差别点法4种。

1. 差量损益分析法

在成本决策分析中，差量是指不同备选方案之间的差异，差量又分差量收入、差量成本和差量利润。差量损益分析是指在充分分析不同备选方案差量收入、差量成本和差量利润的基础上，从中选择最优方案的方法。

其中，影响差量损益分析法的两类因素是差量收入和差量成本。差量收入是一个备选方案的预期收入与另一个备选方案的预期收入的差额。差量成本是一个备选方案的预期成本与另一个备选方案的预期成本的差额。如果差量收入大于差量成本，即差量损益为正数，则前一个方案是较优的；反之，如差量收入小于差量成本，即差量损益为负数，则后一个方案是较优的。

2. 总额分析法

总额分析法是以利润作为最终的评价指标，按照销售收入－变动成本－固定成本的模式计算利润，由此决定方案取舍的一种决策方法。之所以称为总额分析法，是因为决策中涉及的收入和成本是指各方案的总收入和总成本，这里的总成本通常不考虑它们与决策的关系，不需要区分相关成本与无关成本。这种方法一般通过编制总额分析表进行决策。

3. 相关成本分析法

相关成本分析法是在各个备选方案收入相同的前提下，只分析每个备选方案相关成本指标，也就是计算每个方案的增量成本、专属成本和机会成本等之和，即为相关成本的方法。在收入相同的前提下，相关成本最低的方案必然是利润最高的方案。所以，应选择相关成本最低的方案。采用相关成本分析法必须是在各备选方案业务量确定的条件下。如果各备选方案的业务量不确定，则不能采用相关成本分析法。

4.成本无差别点法

成本无差别点法是以成本无差别点业务量作为最终的评价指标，根据成本无差别点所确定的业务量范围来决定方案取舍的一种决策方法。这种方法适用于只涉及成本，而且业务量未知的方案决策。

第6问　怎样才能作好成本分析

【案例】

假定盛大制造有限公司生产甲产品，2018年4个季度实际单位成本分别为200元、230元、240元和250元。

如果以第一季度为基期，以该季度单位成本200元为基数，可以计算其他各季度产品单位成本与之相比的定基比率如下：

第二季度：$\dfrac{230}{200} \times 100\% = 115\%$

第三季度：$\dfrac{240}{200} \times 100\% = 120\%$

第四季度：$\dfrac{250}{200} \times 100\% = 125\%$

通过以上计算可以看出，甲产品单位成本第二、第三、第四季度比第一季度有上升的趋势。

【解析】

成本分析是将企业的实际成本与计划成本（或标准成本）相比较，揭示实际成本与计划成本（或标准成本）的差异，并对差异进行分析，查明原因，提出改进措施，达到降低成本目的的一种成本管理工作。

成本分析是成本管理的重要组成部分。由于成本是反映企业生产经营管理活动水平的综合性指标，因此，对成本的组成进行剖析，并找出其组成部分的本质属性和彼此之间的关系，从而认识成本的本质特性及其变化规律，对正确认识和评价企业生产经营管理水平，采取有效措施降低成本具有十分重要的作用。

在实际工作中，通常采用的技术分析方法有对比分析法、因素分析法（连环替代法）和相关分析法3种。

1. 对比分析法

对比分析法通常是把两个相互联系的指标数据进行比较，从数量上展示和说明研究对象规模的大小、水平的高低、速度的快慢，以及各种关系是否协调。在对比分析中，选择合适的对比标准是十分关键的步骤。只有选择的对比标准合适，才能作出客观的评价；如果选择的对比标准不合适，评价就可能得出错误的结论。

2. 因素分析法

因素分析法是财务分析方法中非常重要的一种分析方法。运用因素分析法，准确计算各个影响因素对分析指标的影响方向和影响程度，有利于企业进行事前计划、事中控制和事后监督，促进企业进行目标管理，提高企业经营管理水平。

3. 相关分析法

相关分析法就是对总体中确实具有联系的标志进行分析，其主体是对总体中具有因果关系标志的分析。它是描述客观事物相互间关系的密切程度，并用适当的统计指标表示出来的过程。在一段时期内，生产率随着经济水平的上升而上升，这说明两指标间是正相关关系；而在另一时期，随着经济水平进一步发展，出现生产率下降的现象，两指标间就是负相关关系。

第7问　如何作成本性态分析

【案例】

从2016年到2020年，某企业的销售额逐步增长，每年的人力成本也在增长，但增长幅度不是平缓的，而是波动的。

该公司的人力成本率，总是在8点多来回波动，这个数值在电器行业是比较低的。因为它的品牌形象较好，否则，可能达到9点多甚至10点。

该公司这4年的平均人力成本是8.49%，按照平均人力成本率计算，既可以用加权平均数，也可以用线性回归法。如果加进权重系数，比较准确的就是8.53%，可以用这个数来做第二年的人力成本总额预测。如果数据足够多，时间足够长，一般都是通过线性回归的数学方法，求得这个常数。

【解析】

在成本性态分类的基础上，按一定的程序和方法，将全部成本最终分为固定成本和变动成本两大类。

1. 固定成本

固定成本是指其总额在一定时期及一定业务量范围内，不直接受业务量变动的影响而保持固定不变的成本。如按直线法计算的固定资产折旧、管理人员的工资、机器设备租金等。

为了更好地对固定成本进行规划和控制，按其支出额是否可以在一定期间内改变而分为约束性固定成本和酌量性固定成本。

（1）约束性固定成本是指管理当局的短期（经营）决策行动不能改变

其具体数额的固定成本。例如保险费、房屋租金、设备折旧和管理人员的基本工资等。这些固定成本是企业的生产能力一经形成就必然要发生的最低支出，即使生产中断也仍然要发生。由于约束性固定成本一般是由既定的生产能力所决定的，是维护企业正常生产经营必不可少的成本，所以也称为"经营能力成本"，它最能反映固定成本的特性。

（2）酌量性固定成本是指管理当局的短期（经营）决策行动能改变其数额的固定成本。例如广告费、职工培训费和新产品研究开发费用等。这些费用发生额的大小取决于管理当局的决策行动。一般是由管理当局在会计年度开始前，斟酌计划期企业的具体情况和财务负担能力，对这类固定成本项目的开支情况分别做出决策。酌量性成本并非可有可无，它关系到企业的竞争能力，因此，要想降低酌量性固定成本，只有厉行节约、精打细算，编制出积极可行的费用预算并严格执行，防止浪费和过度投资等。

2. 变动成本

变动成本是指成本总额随着业务量的增减变化而成正比例增减变化的成本。但是，其单位业务量的成本保持不变。在产品制造成本中，直接人工、直接材料都是典型的变动成本。

3. 总成本习性模型

由于按成本习性分析企业的全部成本可以分为固定成本和变动成本，总成本计算公式为：

总成本＝固定成本总额＋变动成本总额

　　　＝固定成本总额＋单位变动成本×业务量

第8问 "本量利"分析的关键是什么

【案例】

已知丁公司生产各种饮料发生的固定成本总额为4万元,2019年9月发生变动成本总额7万元,实现销售收入总额为23万元。假设公司生产的各种饮料的销售收入占总收入的比重没有明显变化,求盈亏平衡点。

贡献毛益率=(23-7)÷23×100%=69.57%

盈亏平衡点的销售收入=4÷69.57%=5.75(万元)

如果已知单位固定成本为40元/件,单位变动成本为70元/件,单位产品销售收入为230元/件。求盈亏平衡点。

单位产品贡献毛益=230-70=160(元)

盈亏平衡点的销售量=40 000÷160=250(件)

【解析】

本量利也称量本利,"本"即成本,"量"即业务量或销售量,"利"即利润。本量利的分析就是分析销售数量、价格、成本和利润之间的相互关系,进而揭示三者之间存在的规律性联系,从而确定企业目标利润。

本量利分析是管理会计的一项基础内容,是企业进行预测、决策、计划和控制等经营活动的重要工具。本量利分析的关键是盈亏平衡点的确定。盈亏平衡点指全部销售收入等于总成本时的销售量,换句话说,当销售量低于盈亏平衡点时,总成本>全部销售收入,企业表现为亏损;当销售量高于盈亏平衡点时,总成本<全部销售收入,企业表现为盈利。那么,盈亏平衡点具体应如何计算得出呢?一般可采用两种方法。

1. 按数量计算

按数量计算得出的盈亏平衡点就是销售量，计算公式如下。

盈亏平衡点的销售量（数量）= 固定成本总额 ÷ 单位产品贡献毛益

单位产品贡献毛益 = 单位产品销售收入 – 单位产品变动成本

2. 按金额计算

按金额计算得出的盈亏平衡点是销售收入，计算公式如下。

盈亏平衡点的销售收入（金额）= 固定成本总额 ÷ 贡献毛益率

贡献毛益率 =（销售收入总额 – 变动成本总额）÷ 销售收入总额

本量利分析是基于成本性态分析和变动成本法进行的，因此其基本公式是变动成本法下计算利润的公式，具体如下。

税前利润 = 销售收入 – 总成本

= 销售单价 × 销售量 –（变动成本 + 固定成本）

= 销售单价 × 销售量 – 单位变动成本 × 销售量 – 固定成本

第9问 什么是ABC成本分析

【案例】

某公司是一家生产多种五金零部件的企业，由于产品品种多，且每一批次的量也很多，所以企业实行"以销定产"的生产模式。在旧的成本法下，核算出的制造费用远远高于直接成本中的人工费用，使企业经营者感到成本管理方法不合理。于是决定采用ABC成本法进行相关分析，从而改变企业的成本管理体系。

首先，根据公司的具体生产情况，选择一种经济业务，即产品生产，同时确定6种五金零部件产品作为成本核算对象。

其次，分析找出产品生产这一经济业务的成本决定因素，具体有人工工时、原材料投入、水电费消耗、零部件种类、订单数量以及客户数量等。

然后，分析各项成本信息，发现这6种五金零部件产品在生产过程中有很多人力的冗余和浪费，主要表现在车间管理人员的配置不合理。这是造成制造费用远高于直接人工成本的一大原因。因此，公司决定降低车间管理人员薪酬这一成本投入的同时，核算每种五金零部件产品的合理成本。

最后，将各种产品的合理成本与其目前的销售定价进行比较，来确定各种产品的盈利能力。

【解析】

成本管理中的ABC成本法是一种定量管理方法，它要考虑事物的经济和技术等方面的特征，然后利用数理统计方法对事物进行统计、排列和分析，从而抓住主要矛盾，分清成本管理中的重点和非重点。

为什么是ABC成本法呢？因为该方法是基于活动的成本管理，即Activities—Based Cost Method，简写就成了ABC成本法。

一般的成本管理工作无法反映企业开展的经济活动与成本之间的直接联系，而ABC成本法就像一个中转器，对原来的成本方法做出调整，使企业能看到成本的消耗与经济活动之间的直接联系，这样企业和经营者就可以知道哪些成本投入是有效的，哪些成本投入是无效的。

企业的大多数成本主要发生在采购和生产环节，因此ABC成本法主要关注生产运作过程，加强运作管理，进而加强成本管理。在利用该方法对企业的成本管理工作进行具体分析时，有一个明确的过程，共包括以下3个环节。

1. 定义业务和成本核算对象（通常是产品，有时也可能是顾客、产品市场等）。这一过程很耗时间。如果两种产品满足的是顾客的同一种需求，那么在定义业务时，选择顾客要比选择单个产品更为恰当。

2. 确定每种业务的成本动因（即成本的决定因素，如订单数量）。

3. 将成本分配给每一成本核算对象，对各对象的成本和价格进行比较，从而确定其盈利能力的高低。

由于ABC成本法在运用时会涉及成本决定因素和具体的经济业务，而这两者在企业经营过程中是不断变化的，且ABC成本法运用的是这两者对应的历史数据，因此，为了确保历史数据和分析结果有效，该方法需要定期进行修订。而修订的目标是促使产品定价、产品本身以及市场份额等战略发生改变，进而提高企业的盈利能力。

第10问　如何应用"边际贡献"

【案例】

某服装生产公司主要生产3种类型的服饰，A类为女士衬衣，B类为男士衬衣，C类为女士裤装。由于C类女士裤装一直处于亏损状态，因此公司对其进行了停产处理，以期及时止损。然而，停产C类女士裤装后，企业的部分机器设备闲置无用，但每个会计期间还是要进行折旧处理。通过财会人员仔细核算，发现停产后企业的生产经营边际贡献比停产前的边际贡献还低，于是又启动了C类女士裤装的生产线。

【解析】

C类女士裤装虽然处于亏损状态，但是其售出后还是会给企业带来一定的收入，这些收入可弥补机器设备等固定成本的开支，使得生产经营的边际贡献不至于太低。而停止生产C类女士裤装后，企业不但没有了这部分产品的收入，同时还要正常支付机器设备等的固定成本开支，导致边际贡献反而比停产前的低。因此，企业又作出恢复生产C类女士裤装的决策。

边际贡献也称边际收益或贡献毛益。很多时候，边际贡献还被称为"边际效应"，它是指在企业生产经营过程中，其他投入确定不变的情况下，连续增加某一种投入并达到某个值以后，对应新增的产出或收益反而越来越少的现象。

老板要知道，企业可将"边际贡献"这一指标用于作出以下 3 种决策的分析工作中。

1. 是否接受客户追加订货的决策分析

客户追加订货时，如果企业接受了要求，那么就意味着需要增加生产投入，但由于边际贡献的存在，一旦企业的生产投入超过了某个值，新增的收益就会下降，即边际贡献会越来越小。

所以，企业在收到客户追加订货的请求时，要先核算边际贡献，若高于追加订货前的边际贡献，则可以接受客户的追加订货请求；若低于追加订货前的边际贡献，则不接受追加订货请求。

2. 是否开发新产品的决策分析

企业开发新产品时必然需要投入新的资本和资源。即使新产品的开发能为企业带来新的收益，但如果前提是投入会非常大，甚至会拉低整个企业生产经营的边际贡献值，那么则说明新产品的开发并不能提升企业的经营效益，其开发意义就不大。

所以，企业在研究是否开发新产品时，要考量新产品投入生产后企业的生产经营边际贡献值，若边际贡献会增大，则可实施新产品开发；反之，若边际贡献会减小，则应放弃新产品的开发决策。

3. 亏损产品是否停产或转产的决策分析

生产性企业在连续不断的生产经营过程中，难免会遇到产品质量较低、样式不新颖或颜色不符合大众审美等原因而造成市场滞销、库存积压的情况，进而发生经营亏损。此时，企业就要考虑是否要停止生产某种产品或某种产品的某个型号或颜色，以及是否需要转产等问题。

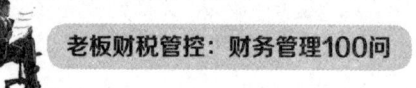

其中，停产的同时会减少投入，而转产会涉及投入量的改变。虽然停产以后会减少投入，但是如果停产后的边际贡献小于转产后的边际贡献，则也应实施转产；反之，如果停产后的边际贡献高于转产后的边际贡献，则应选择停产。因此，亏损产品究竟是停产好还是转产好，可利用边际贡献来判断，进而作出相应的决策。

但需要特别注意的是，如果只是针对亏损产品而言，其边际贡献大于0，则继续生产亏损产品所得的收入可弥补固定成本的支出，此时也不应该停产。

第11问　怎么作保本分析

【案例】

某企业仅生产一种产品，销售单价为200元，单位变动成本为120元，固定成本为200 000元，计算盈亏保本量。

$$保本量 = \frac{固定成本}{单价-单位变动成本}$$

$$保本量 = \frac{200\ 000}{200-120} = 250（件）$$

【解析】

保本是指企业在一定时期内收支相等，即边际贡献等于固定成本，利润为零。保本点，也称盈亏临界点，是指企业收入和成本相等的经营状态，即边际贡献等于固定成本时，企业既不盈利又不亏损，通常用一定的业务量（保本量或保本额）表示。

保本分析就是研究当企业恰好处于保本状态时，本量利关系的一种定量分析方法。它主要是确定保本点，以及有关因素变动的影响，为决策提供超过某个业务量企业会盈利，或者低于某个业务量企业会亏损等信息。

一、单一品种的保本分析

1. 保本量分析

对生产销售单一产品的企业来说，保本点的计算并不困难。

由于：利润 = 单价 × 销量 – 单位变动成本 × 销量 – 固定成本

令利润 =0，此时销售量为保本量。

0= 单价 × 销量 – 单位变动成本 × 销量 – 固定成本

$$保本量 = \frac{固定成本}{单价 - 单位变动成本}$$

又因：单价 – 单位变动成本 = 单位边际贡献

所以：$$保本量 = \frac{固定成本}{单位边际贡献}$$

2. 保本额分析

现在只生产单一产品的企业不多，大多数企业同时产销多种产品。

由于利润计算的公式为：

利润 = 销售额 × 边际贡献率 – 固定成本

令利润 =0，此时的销售额即为保本额：

0= 保本额 × 边际贡献率 – 固定成本

$$保本量 = \frac{固定成本}{边际贡献率}$$

二、多品种保本点的确定

由于企业生产和销售的产品品种繁多，各种产品的计量单位可能不一样，因此不同品种的产品销售量无法直接相加减，因此只能根据多品种产品的保本点销售额进行保本分析。计算多品种保本点的方法主要有以下4种。

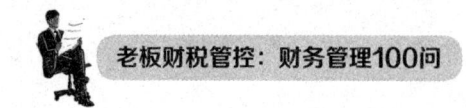

1. 综合边际贡献率法

综合边际贡献率法分 5 个步骤：①计算全部商品的总销售额；②计算每种商品销售额的比重；③计算全部商品的综合边际贡献率；④计算综合保本额；⑤计算每种商品的保本额和保本量。

2. 联合单位法

联合单位法是指在事先掌握多品种之间客观存在的、相对稳定产销实物量比例的基础上，来确定每一联合单位的单价和单位变动成本，进行多品种条件下本量利分析的一种方法。

采用联合单位法时，联合单位的数量因选用标准不同而不同。虽然确定的联合单位数量不同，从而造成联合单位变动成本、联合保本销售量也不相同，但是最终的结论（各种产品的保本销售量和保本销售额）是相同的。

联合单位法计算公式如下：

$$联合保本量 = \frac{固定成本}{联合单价 - 联合单位变动成本}$$

$$联合保利量 = \frac{固定成本 + 目标利润}{联合单价 - 联合单位变动成本}$$

某产品保本量 = 联合保本量 × 该产品销量比

某产品保利量 = 联合保利量 × 该产品销量比

3. 分算法

分算法是指在一定条件下，将全厂固定成本按一定标准（如边际贡献额、销售额和工时等）合理分配给各产品，然后按确定"单一品种保本点"的办法分别计算确定每一品种产品的保本点，最后汇总计算多品种产品的综合保本销售额的方法。

4. 主要品种法

主要品种法是指在特定条件下，通过在多种产品中确定的一种主要品种，完成品种条件下本量利分析任务的一种方法。

第12问　如何作保利分析

【案例】

某公司甲产品单位售价3 000元，单位变动成本2 000元，年固定成本总额2 000 000元，计划年度的目标利润为100 000元。

$$保利量 = \frac{固定成本 + 目标利润}{单价 - 单位变动成本}$$

$$保利量 = \frac{2\,000\,000 + 100\,000}{3\,000 - 2\,000} = 2\,100（件）$$

$$保利销售额 = \frac{2\,000\,000 + 100\,000}{(3\,000 - 2\,000) \div 3\,000} = 6\,300\,000（元）$$

说明该公司欲实现100 000元的目标利润，保利销售量应为2 100件，保利销售额应达到6 300 000元。

【解析】

尽管保本是企业生产最基本的目标，是安全经营的前提，但是企业的经营目标不在于保本，而是尽可能地获取利润，达到一定的盈利目标，所以保利分析才是企业生产真正的目的，也只有在盈利的条件下，才能充分揭示成本、业务量和利润之间的关系。保利分析，就是指在目标利润引进本量利分析的基本数学模式，在单价和成本水平既定的情况下，充分揭示成本、业务量和利润三者之间关系的本量利分析。

通过保利分析，可以确定为了实现目标利润而应该达到的目标销售量和目标销售额，从而以销定产，确保企业经营方向。

保利点是指在单价和成本水平确定的情况下，为确保预先确定的目标利润能够实现,而应达到的销售量和销售额的统称,具体包括保利量和保利额两项指标。

保利点的计算分为单一品种保利点与多品种保利点。

1. 单一品种保利点的计算

假设在没有企业所得税的情况下:

目标利润 = 单价 × 销量 − 单位变动成本 × 销量 − 固定成本

$$保利量 = \frac{固定成本 + 目标利润}{单价 - 单位变动成本}$$

$$= \frac{固定成本 + 目标利润}{单位边际贡献}$$

假设企业存在所得税:

税后目标利润 =(单价 × 销量 − 单位变动成本 × 销量 − 固定成本)×(1− 企业所得税税率)

$$保利量 = \frac{固定成本 + \dfrac{税后目标利润}{1 - 企业所得税税率}}{单价 - 单位变动成本}$$

$$固定成本 + 税后目标利润 = \frac{1 - 企业所得税税率}{单位边际贡献}$$

保本额是企业为实现既定目标利润所需的业务额。保利额可在保利量计算公式的基础上乘以单价。在不存在企业所得税的情况下,公式为:

$$保利额 = \frac{固定成本 + 目标利润}{单价 - 单位变动成本} \times 单价 = \frac{固定成本 + 目标利润}{边际贡献率}$$

假设存在企业所得税,计算保利额的公式为:

$$保利额 = \frac{固定成本 + \dfrac{税后目标利润}{1 - 企业所得税税率}}{单位边际贡献} \times 单价 = \frac{固定成本 + \dfrac{税后目标利润}{1 - 企业所得税税率}}{单位边际贡献}$$

2. 多品种保利点的计算

多品种保利点只需计算达到目标利润的销售额。

$$综合保利销售额 = \frac{固定成本 + 目标利润}{综合边际贡献率}$$

$$综合保利销售额 = \frac{固定成本 + \dfrac{目标税后利润}{1 - 所得税税率}}{综合边际贡献率}$$

第13问 什么是利润敏感分析

【案例】

恒丰有限公司只生产一种产品，单价80元，单位变动成本50元，全年固定成本为240万元，计划销售量为50万件。

假设不考虑税费，计算明年利润：

明年利润 =500 000×（80-50）-2 400 000=12 600 000（元）

【解析】

在保本分析和保利分析中，隐含着一个假定，即除待求变量外的其他参数都是确定不变的。实际上，由于市场的变化（譬如供求数量、原材料价格和产品价格等变动）和企业生产技术条件的变化，会引起模型中参数发生变化，对原已计算的盈亏临界点、目标利润或目标销售量产生影响。经营者希望事先预知掌握有关参数可能变化的影响程序，以便在变化发生时及时采取对策，调整企业计划，使生产经营活动始终控制在最有利的状态。敏感性是解决类似问题的一种可取方法。保本点敏感性分析是指在现有或预计销售量的基础上，测算影响保本点的各个因素单独达到临界值时，仍能确保企业不亏损的一种敏感性分析方法。

利润敏感分析主要研究与分析有关因素发生多大变化时会使盈利转为亏损，或亏损转为盈利。

单价、单位变动成本、产销量和固定成本的变化，会影响利润的高

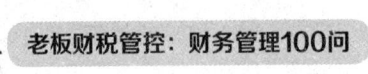

低。当这种变化达到一定程度时，会使企业利润消失进入盈亏临界状态，使企业的经营状况发生质变。因此进行敏感分析的目的是提供目标发生质变的各参数变化的临界值，也称盈亏临界值，是指在不使目标值发生质的变化的前提下，允许有关参数值变动达到的最小值或最大值。

影响销售高低的因素包括：单价、单位变动成本、产销量和固定成本。

1. 销售量最小值，是指使企业利润为零的销售量，即盈亏临界点的销售量。

销售量最小允许值 = 全年固定成本 ÷（单价 − 单位变动成本）

2. 销售单价最小值。单价下降会使利润下降，下降到一定程度，利润将最小。

单价的最小允许值 = 单价 +（固定成本 ÷ 计划销售量）

3. 单位变动成本的最大值。单位变动成本上升会使利润下降，并逐渐趋近于零，此时的单位变动成本是企业能忍受的最大值。

单位变动成本的最大允许值 = 单价 −（固定成本 ÷ 计划销售量）

4. 固定成本最大值。固定成本上升也会使利润下降，并趋近于零。

固定成本的最大允许值 =（单价 − 单位变动成本）× 计划销售量

参数变化都会引起利润的变化，有的参数发生微小变化，就会使利润发生很大的变动。如果利润对这些参数的敏感系数绝对值大于1，那么我们称这类参数为敏感因素；如果利润对这些参数的敏感系数绝对值小于1，那么我们称这类参数为不敏感因素。

衡量敏感因素程度强弱的指标称为敏感系数。其计算公式为：

$$敏感系数 = \frac{目标值变动百分比}{因素值变动百分比}$$

敏感系数为正，表示该变量与利润呈同方向变动；敏感系数为负，表示该变量与利润呈反方向变动。

注意：敏感分析中的临界值问题与敏感系数问题，实际上是一个问题的两个方面。某一因素临界值的允许值越高，利润就对该因素越不敏感；反之，某一因素临界值的允许值越低，利润就对该因素越敏感。

其中，目标值是指利润；因素值是指单价、单位变动成本、销售量和固定成本。计算敏感系数可帮助管理人员了解各因素变动对利润的影响程度，以便找出问题的关键，提高管理效率，及时调整措施，保证目标利润的实现。

第2章

预算管理：
三军未动，粮草先行

财务预算是围绕企业管理和发展规划而展开的一项重要财务管理内容，它是企业管理工作中不可或缺的"先锋军"。财务预算是企业管理工作的重要依据，尤其是在制定、落实内部经济责任制方面发挥着重要作用。

第14问 老板审核财务预算的关键内容是什么

【案例】

已知某公司的某种产品每年正常销售量为70 000套,且每套销售单价为49元,单位变动成本为26元,固定成本总额为23.8万元。那么,以固定预算法编制的财务预算结果如下。

①预算期内,预算销售量为70 000套。

②预算销售收入 =70 000×49=3 430 000(元)

③预算变动成本总额 =70 000×26=1 820 000(元)

④预算年销售总利润 =3 430 000-1 820 000-238 000=1 372 000(元)

【解析】

对于老板来说,财务预算是企业一系列经营活动在财务方面的行为规划或目标计划,可谓是企业相关工作的前提和基础。所以,一家企业经营发展方向的把控人——老板,就需要认真做好财务预算的审核工作。归根结底,企业制订预算计划的根本目的是保证企业的相关财务或者资金得到有效应用。因此,老板在审核财务预算的过程中,需要注意以下4个关键内容:

1. 预算是否进行资源整合

企业制定预算是为了确保企业的整体经济效益最大化。整合是使企业资源得到有效利用,进而提高企业管理效率和盈利能力的最佳方式。因此,老板在审核相关部门提交的预算计划时,务必注意研究预算是否将企业的各种资源进行了合理整合,是否使其发挥了最大效用。

2. 预算是否以市场需求为导向

市场是确保企业顺利进行各种经济活动的必要场所，这是市场经济时代的核心内容。对于企业来说，只有在市场中占据一席之地，才能让自己最终生存下去，并且不断发展壮大。因此，老板在审核预算计划时，要确保预算始终是以市场需求为导向，严格围绕市场动态，按照市场规律来进行制定，以此保证预算的全面性、客观性、合理性和准确性。

3. 预算是否基本涉及企业或者相关部门全员参与

全面性是制订预算计划的一项关键要素。所以，预算一般都会涉及企业或者某一部门的各个方面，需要相关的全体员工积极配合，才能最终按照预算计划完成企业任务。同时也只有相关员工积极地参与到预算计划的编制中，才能保证预算的全面性和准确性。这样的预算也才能够被企业全体成员接受。

4. 预算是否对相关业务活动作了明确规划

作为企业财务应用计划的表现形式，预算需要表现在企业方方面面的业务活动中，要使企业在生产经营中有章可循，这就需要对相关业务活动做出目标规划。

因此，老板在审核财务预算时，务必要确保预算对企业相关部门的业务活动都进行了明确的规划，或者制定了考核指标，以此来促使部门员工在日常工作中明确自己的奋斗目标，进而调动相关部门及员工的积极性，这有助于实现企业总体目标。

第15问　什么是固定预算

【案例】

A公司按固定预算方法编制销售预算预计2018年销售产品20 000件，

单价1 000元，产品单位变动成本800元，固定成本总额1 800 000元。下面是A公司编制的销售利润预算表，如表2-1所示。

表2-1 销售利润预算表

单位：万元

项目	固定预算
销售收入	2 000.00
单价	0.10
单位变动成本	0.08
单位边际贡献	0.02
边际贡献	400.00
固定成本	180.00
销售利润	220.00

假设执行期间，实价销售产品25 000件，追加固定成本200 000元。A公司在其他条件不变的情况下，编制销售利润预算分析表，如表2-2所示。

表2-2 销售利润预算分析表

单位：万元

项目	固定预算	实际发生	差异
销售收入	2 000.00	2 500.00	+500.00
单价	0.10	0.10	
单位变动成本	0.08	0.08	
单位边际贡献	0.02	0.02	
边际贡献	400.00	500.00	+100.00
固定成本	180.00	200.00	+20.00
销售利润	220.00	300.00	+80.00

【解析】

通过上例可以看出，当实际业务量与预计业务量之间的差异较大时，预算结果的可比性会变得较差，不利于对业务的控制、考核和评价。

固定预算又称静态预算，是相对弹性预算而言的一种预算方式。它是指将预算期内正常的、可实现的某一业务量（如生产量、销售量）水平作为唯一基础来编制预算。传统预算大多是采用固定预算编制方法。其基本原理是，编制中假定某个业务量水平保持不变，以某一确定的业务量为基础编制预算，在预算执行期末，将预算的实际结果与固定预算水平加以比较，据此进行业务考评。

固定预算最大的优点是编制比较简单；缺点是当实际业务量与预算编制所依据的业务量二者之间发生较大差异时，预算指标会失去可比性。因此，按照固定预算方法编制的预算不利于正确地控制、考核和评价企业预算的执行情况。

一般情况下，对不随业务量变化的固定成本与费用，多采用固定预算方法进行编制；面对变动成本，在编制预算时不宜用此方法。一些业务量水平较为稳定的企业或非营利组织在编制预算时也可采用固定预算方法。

第16问　弹性预算的编制方法有哪些

【案例】

已知某公司的某种产品每年正常销量弹性范围为60 000～80 000套，单价为49元，单位变动成本为26元，固定成本总额为23.8万元。那么，以弹性预算法编制的财务预算结果如下。

①预算期内，销售量为70 000套时，预算年销售总利润为137.2万元。

②预算期内，销售量为60 000套时：

预算销售收入=60 000×49=2 940 000（元）

预算变动成本总额=60 000×26=1 560 000（元）

预算年销售总利润=2 940 000−1 560 000−238 000=1 142 000（元）

③预算期内，销售量为80 000套时：

预算销售收入 =80 000×49=3 920 000（元）

预算变动成本总额 =80 000×26=2 080 000（元）

预算年销售总利润 =3 920 000-2 080 000-238 000=1 602 000（元）

④预算期内，预算年销售总利润在114.2万元～160.2万元之间。

【解析】

弹性预算又称变动预算或滑动预算，是为克服固定预算的缺点而设计的一种预算方式。它是在成本习性分析的基础上，以业务量、成本和利润之间的依存关系为依据，区分变动成本与固定成本，进而建立起业务量与成本和利润间的数量关系，按照预算期可预见的各种业务量水平，编制出不同业务量水平下的相应预算。

弹性预算能够反映在预算期内与一定相关范围内可预见的多种业务量水平相对应的不同预算额，扩大了预算的适用范围。在预算期实际业务量与计划业务量不一致的情况下，将实际指标与实际业务量相对应的预算额进行对比，可以使预算执行情况的评价与考核更加客观并具有可比性。

弹性预算的编制重点在于业务量及业务量范围的确定。编制弹性预算所依据的业务量可以是产量、销售量、直接人工工时、机器工时、材料消耗量和直接人工工资等。业务量范围的选择应根据企业的具体情况而定。一般可定在正常生产能力的70%～110%之间，或是以历史最高业务量和最低业务量为上下限。

弹性预算的编制方法主要包括公式法、列表法和图示法3种。

1. 公式法

公式法是指在成本习性分析的基础上，根据成本与业务量之间的数量关系确定成本费用数额，并编制成本费用预算的方法。成本与业务量之间的数量关系可以通过公式 $y=a+bx$ 表示。如果事先确定了有关业务量 z 的变动范围，那么只要以有关成本项目的 a 和 b 作为参数，就可以推算出业务量在允许范围内任何水平上的各项预算成本。这种编制方法的优点是，预算在一定范围内不受业务量波动的影响；缺点是逐项甚至按细目分解成本比较麻烦，同时又不能直接查出特定业务量下的总成本预算额，存在一定误差。

2. 列表法

列表法是指通过列表的方式，在相关范围内每隔一定业务量计算相关数值，来编制弹性成本预算的方法。此种方法在一定程度上能克服用公式法无法直接查到不同业务量下总成本预算的弱点。总体来说，列表法工作量较大，但结果会比公式法更精确。

列表法的优点在于，不管企业的实际业务量是多少，不必经过计算即可找到与业务量相近的预算成本。但是，运用列表法编制预算，在评价和考核实际成本时，往往需要使用补差法来计算"实际业务量的预算成本"，这样操作比较麻烦。

3. 图示法

图示法是指在平面直角坐标系上把各种业务量的预算成本用描绘图像的形式表示出来，以反映弹性预算水平的方法。这种预算方法不仅能反映变动成本、固定成本项目，而且能在一定程度上反映混合成本，能够在坐标图上直观地反映不同业务量水平上的预算成本，但精确度相对差一些。

总体来说，由于未来业务量变化会影响成本、利润等各个方面，因此弹性预算法一般用于与业务量相关的各种预算，较多地被用在成本费用与利润预算中。

第17问 财务预算重点审批流程包括什么

【案例】

某公司为商业企业，原来只有3家超市。随着业务的不断扩大和发展，超市数量达到30多家，同时兼并了一家建筑设计机构，开设了典当行及豆制品厂。随着业务类型的多元化，公司决策层对管理感到力不从心。业务部门职能交叉，造成很多事情"多个部门管，却最终没人管"的现象，追责困难。在公司实行全面预算管理后，为了配合预算的实施，决策层以预算为契机，重新调整了组织架构，理顺了部门职责，设置了新的组织架构。

【解析】

财务预算的审批流程包括很多方面，对于老板来说，他们需要在一系列审批流程中抓住重点。财务预算的审批流程一般包括：年度预算调整流程、预算超支管理流程和预算执行分析流程。

1. 年度预算调整流程

为避免企业年度预算调整过度导致其失去严肃性和约束力，老板有必要加强年度预算调整的管理和控制力度，并且在审核流程中，保证相关审批工作的规范性。

企业年度预算调整的一般流程包括 3 步：提出调整申请、审议调整申请和调整审批执行。

（1）提出调整申请

这是年度预算调整流程的第一步，首先需要老板下达年度预算，让企业相关部门执行预算计划。在执行预算计划的过程中，执行环境往往会出现变化，这时候相关人员就会提出调整申请，并初步编制预算调整方案。

（2）审议调整申请

当审议预算调整方案完成后，企业相关人员会对申请的合理性进行分析，同时给出审议意见，最终确定预算调整方案。

（3）调整审批执行

最终确定无误的预算调整方案会递交给老板，由老板进行审批。当审批方案下达后，再进行调整执行与资料归档等工作。

在该审批流程中，老板在审批年度预算调整方案时，需要先对预算调整原因的客观真实性进行审查，然后再对具体调整内容的科学合理性进行审查，判断其是否与企业的其他客观因素存在某些冲突。

2. 预算超支管理流程

预算超支管理是预算执行控制环节的重要组成部分，老板有必要严格审批预算超支管理流程中的关键事项，以有效落实预算目标，同时保证预算执行的灵活性。

企业预算超支管理的一般流程包括3步：预算超支发生、预算超支分析和预算超支应对。

（1）预算超支发生

当企业出现预算超支情况时，相关人员会做出汇总并上报超支信息。

（2）预算超支分析

收到超支信息后，企业需要组织召开预算超支讨论会，讨论并分析预算超支的原因，同时拿出应对预算超支的措施。

（3）预算超支应对

预算超支对策确定后，会递交给老板，由老板对其进行审批，然后下达执行命令，再由企业相关部门执行应对措施。在执行的过程中，将有关的执行情况反馈给相关部门，由其分析执行效果，针对相关问题采取改进或解决措施。

在该流程中，老板在审批预算超支对策时，需要抓住4个审查要点：审查对策针对超支原因是否有效，是否具有可操作性，是否能够切实发挥预期作用，是否与企业的实际情况相协调。

3. 预算执行分析流程

预算执行分析结果可作为改进预算管理工作的重要依据。为了保证预算执行分析结果的客观性和有效性，老板应当重视预算执行分析流程的制定。

企业预算执行分析流程一般包括明确预算执行成果、分析预算执行成果和分析结果处理。

（1）明确预算执行成果

这一流程的第一步是收集预算执行的数据资料，并对资料进行整理、分析，然后汇总预算执行情况。

（2）分析预算执行成果

通过对比预算目标，找出预算执行中的差异，并分析造成差异的原因和差异范围，最后整理并撰写分析报告。

（3）分析结果处理

分析报告上交到老板手中后，老板对其进行审批。在审批预算执行分析报告时，老板首先要对分析过程的规范性进行严格审查。当确定分析结果客观有效后，再将审批结果下达给相关部门，将其作为预算执行改进以及预算管理决策的依据。

第18问　销售预算的预测方法有哪些

【案例】

YS 公司为制造型企业，202×年×月销售预测值为60万元，实际销售额为65万元，加权平均因子 a=0.90，请预测 YS 公司 202×年×月的销售额。

销售预算额 =65×0.90+60×（1−0.90）=64.5（万元）。

【解析】

销售预测的基本方法可以分为定性分析法和定量分析法两类。

1. 定性分析法

定性分析法又称非数量分析法。它主要是依靠预测人员丰富的实践经验和知识以及主观的分析判断能力，在考虑政治、经济形势、市场变化、经济政策和消费倾向等对经营活动的影响的前提下,对事物的性质和发展趋势进行预测和推测。

定性分析法又分为判断分析法和调查分析法两类。

(1)判断分析法是指销售人员根据直觉判断进行预估,然后由销售经理加以综合,从而得出企业总体销售预测的一种方法。

由于销售人员接近和了解市场,熟悉自己所负责区域的情况,因此用这种方法得出的预测数据比较接近实际。另外,采用这种方法,便于确定分配给各销售人员的销售任务,发挥其积极性,激励他们努力完成各自的销售任务。但是,由于受各种因素的影响,销售人员的预测也会出现偏差,往往需要修正。

(2)调查分析法是指通过对具有代表性客户消费意向的调查来了解市场需求的变化趋势,以此进行销售预测的一种方法。

企业的销售量取决于客户的消费意向,客户的消费意向是销售预测中最有价值的信息。如果企业通过调查可以了解预算期内客户的购买量,客户的财务状况和经营成果,客户的爱好、习惯和购买力的变化,客户购买本公司产品占其总需要量的比重以及选择供应商的标准,那么对销售预测将更有帮助。企业在调查时应当注意以下几点:

首先,选择的调查对象要具有普遍性和代表性,应能反映市场中不同阶层或行业的需求及购买需要;

其次,调查的方法一定要简便易行,使被调查对象愿意接受调查;

最后,对调查所取得的数据和资料要进行科学的分析,去伪存真、去粗取精。

只有这样,所获得的资料才具有真实性、代表性,才能作为预测依据。

2.定量分析法

定量分析法也称数量分析法。它主要是应用数学方法,对与销售有关的各种经济信息进行科学的加工处理，同时建立相应的数学模型，充分揭示各有关变量之间的规律性联系，并得出相应的预测结论。

定量分析法主要有趋势预测分析法、因果预测分析法、季节预测分析法和购买力指数法4种方法。下面主要介绍趋势预测分析法和因果预测分析法。

（1）趋势预测分析法。这种分析法是将企业的历史销售数据按照发生时间的顺序排列，然后应用一定的数学方法进行加工处理，按照时间先后数列找出销售随时间而发展变化的趋势，由此推断其未来发展趋势。

常用的趋势预测分析法有算术平均法、加权移动平均法、指数平滑法、回归分析法和二次曲线法等，其中指数平滑法应用较为广泛。

指数平滑法是加权移动平均法的一种特殊形式，它通过用加权平均因子a的幂对最近一期销售量（额）的预测值和该期的实际销售量（额）进行加权，以求得预算期销售量（额）的预测值。

（2）因果预测分析法。这种分析法是利用相关因素与产品销售之间的函数关系进行产品的销售预测。其中的相关因素是对产品销售起着决定性作用或与产品销售存在某种函数关系的因素。因果预测分析法最常用的方法是回归分析法，包括回归直线法和多元回归法等。

3.定性分析法与定量分析法相结合

由于经济生活的复杂性，并非所有影响因素都可以通过定量进行分析，某些因素（如经济形势的变动、宏观环境的变化、市场前景的预测和消费倾向的变化）只有定性的特征；另外，定量分析本身也存在局限性，任何数学方法都不可能概括所有复杂的经济变化情况。如果不结合预测期间的经济、市场以及政策方面的变化情况，那么必然会导致预测结果脱离客观实际。所以，我们必须根据具体情况，把定量分析法与定性分析法结合起来使用，这样才能收到良好的效果。

第19问　产品成本预算的编制方法有什么

【案例】

A公司根据202×年度的直接材料预算、直接人工预算、制造费用预算编制产品成本预算表，如表2-3所示。

表2-3　A公司202×年度产品成本预算表

单位：元

项目	单价	单位耗用量	金额
直接材料	50.00	10	500.00
直接人工	13.00	30	390.00
变动制造费用	4.50	30	135.00
固定制造费用	6.36	30	190.80
总计			1215.80

【解析】

企业在编制产品成本预算时，可以根据本企业所在行业的特点、企业规模以及具体生产经营情况等因素，同时考虑企业成本核算方法确定预算编制方法，比如标准成本法、作业成本法等。

1. 标准成本法

标准成本法的应用是比较广泛的。标准成本法并不是一种单纯的成本计算方法，而是成本计算和成本控制二者相结合，包括制定标准成本、计算和分析成本差异以及处理成本差异三个环节，它是一个完整的成本系统。根据标准成本所处的环境不同，可以有3种不同状态的标准成本：理想标准成本、正常标准成本和现实标准成本。

（1）理想标准成本

理想标准成本是指以现有的生产经营条件处于最优状态为基础所确定的最低水平的成本，它的确定通常是依据理论上的生产要素耗用量、最理想的生产要素价格和可能实现的最高生产经营能力的利用程度。但是，由于这种成本的制定太过于理想化，因此在实际中很难实现。

（2）正常标准成本

正常标准成本是根据正常的生产要素耗用水平、价格水平和正常情况下的生产经营能力的利用程度来制定的。企业制定正常标准成本时，应将过去较长时期实际成本的平均值剔除其中存在的生产经营活动的异常情况，并考虑未来的变动趋势。这种标准成本可以通过努力来实现，而且只要企业的生产技术和经营管理条件未发生较大变化，就不必修订。因此，对企业来说，这种方法适合在经济形势比较稳定的条件下使用。

（3）现实标准成本

现实标准成本也被称为可达到的标准成本，是企业在现有的生产技术条件下，根据下一期最可能发生的生产要素耗用量、预计价格和预计的生产经营能力的利用程度而制定的标准成本。这种标准成本可以包括企业认为在短期内仍不能完全避免的某些不应有的低效率、失误和超量消耗，最适合在经济形势变化多端的情况下使用。

采用标准成本法编制预算，企业基本上是以现实标准成本为基础，考虑的条件是比较简化的，无明确的需要，没有必要进行复杂的分析。

2.作业预算法

作业预算法是基于作业成本法的出现和逐渐成熟而产生的一种预算方法，目前在现代企业中正逐步被广泛应用，通常用于作业成本的预算方面。

作业预算也被称为作业基础预算，是确定企业在每一个部门的作业所发生的成本，明确各项作业之间的关系，并运用该信息在预算中规定每一项作业所允许的资源耗费量。作业基础预算也试图判断预算中各部分的执行状况，并说明发生预算差异的原因。作业基础预算与传统预算不同，作业基础预算是完成各种作业的成本预算，而传统预算是每一个职能部门或支出类别的成本预算。传统预算的编制重点在于成本的构成要素，如材料、人工和制造费用等，而作业基础预算强调完成各种作业的预计成本。企业将作业管理纳入预算过程可以大大提高作业成本的应用程度，作业基础预算可以明确驱动价值的要素，帮助企业创造价值。

第20问　如何控制经营预算

【案例】

某集团公司汇总经营指标预算情况：营业收入1 642万元，其他收入9 283万元，营业成本1 318万元，税金及附加35万元，管理费用11 200万元（包括折旧费3 106万元、土地摊销费用6 020万元），财务费用32万元，利润总额-1 660万元。集团公司其他收入为9 283万元，其中，预计资金存储收益税后1 200万元，土地递延收益5 949万元，房产递延收益1 334万元，代建费收入400万元，资产运营收入400万元。

【解析】

经营预算中包括的销售预算、生产预算、成本费用预算等都是预算控制的内容。

1. 销售预算控制

因为在销售预算中最重要的部分是销售收入的实现，所以控制目标应该集中于销售价和销售数量，监督二者在预算期间的变化。

（1）将销售预算涉及的地区划分为若干部分，每部分由专人负责，如分区销售经理。

（2）建立销售预算完成计划时间进度表，随时检查预算完成情况。

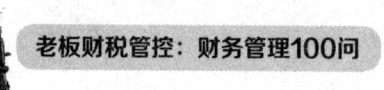

（3）建立有效的预算评估程序，对每一阶段预算执行情况进行评价。

另外，在销售预算中还应涉及对产品期初、期末存货的考虑。由于各种环境的影响，销售量的波动会比较频繁，为了生产的稳定，对存货也应进行预算控制，使存货数量处于最低安全存量和最高安全存量之间。

2. 生产预算控制

（1）生产量预算控制

生产量会受到销售预算和存货预算控制结果的影响。一般来说，生产量预算控制的指导原则应包括以下几点：

①对每项或每类产品决定其标准存货周转率；

②利用每项或每类产品的标准存货周转率和销售预测值来决定存货数量的增减；

③预算期内的生产数量等于销售预算加减存货增减数量。

总之，生产量预算的控制必须符合管理控制政策，使生产稳定，将存货数量保持在最低安全存量以上和管理决策所决定的最高存货量以下。

（2）直接材料预算控制

直接材料预算控制的目的主要有两个：一是关于直接材料存货，通过预算控制使相关人员能够在最适当的时候发出订单，以适当的价格和质量获得适当数量的直接材料；二是关于直接材料消耗，通过控制使材料消耗符合预算标准，将损失控制在确定范围之内。

有效的直接材料存货控制必须做到：供应生产所需材料，保证生产的连续性；在供应短缺时（季节性等因素造成）设法提供充足的材料供应，并预期价格波动；以最少的处理时间和成本储存材料，并避免火灾、盗窃等意外情况的发生以及减少自然消耗；系统地报告材料状况，使过期、过剩和陈旧的材料项目降到最低数量。这些要求可以通过定期汇报、定期检查和限定材料存货最低量及最高量等手段来实现。

直接材料消耗控制应该使生产过程中的材料消耗控制在预算标准范围

之内，尽量减少不必要的浪费和损失，提高材料利用率。实现直接材料消耗控制的方法有限额领料制、配比领料制、盘存控制法等。在使用这几种方法时要注意严格执行标准，如果有超标现象，那么需要说明原因，并经有权做出决策的部门和人员批准。另外，材料的品种、规格要符合工艺技术要求，防止大材小用或优材劣用。

（3）直接人工预算控制

有效的直接人工预算控制取决于各级主管人员的持续监督和观察，以及主管人员与员工的接触。直接人工预算中最重要的环节是单位小时人工标准的确定，另外工作流程的规划以及物料、设备的布置安排都会对直接人工总成本产生影响。同时，在一定的工时标准基础上，员工的工作效率会直接影响生产数量和质量。所以，对直接人工的预算控制，可从通过控制人工标准和员工人数的方式来控制工资费用总额，以及监督劳动生产率两个角度着手。

（4）制造费用预算控制

制造费用预算控制的基本原则是区分可控因素和不可控因素。

①制造费用预算控制中的可控因素与材料和人工预算控制都有关联，制造费用中的材料和人工控制方法可以参照直接材料和直接人工的预算控制方法。

②制造费用预算控制中的不可控因素，如分摊的折旧和管理费用等，只能由负责计算分摊这些费用的部门实施控制，由它们来调控费用总额和分配给相应受益部门的份额。接受这些间接费用的部门无须承担控制责任。

3. 成本、费用预算控制

（1）成本预算控制

成本预算是对直接材料、直接人工和制造费用预算的总结概括，因此成本预算控制是站在一个更高的角度对产品成本进行总的监督，而不是分项目的详细控制。在以销定产、从目标利润倒推生产成本的情况下，成本预算控制就是直接材料、直接人工和制造费用预算控制的基础，通过成本预算中要求的各项目的完成情况来详细制定各项目的控制措施。

（2）销售费用预算控制

销售费用可分为变动销售费用和固定销售费用，其控制方法各不相同。

①变动销售费用是指与产品销售数量成正比例变动的费用，如销售佣金、包装费和运输费等。对于变动销售费用，一般应在不影响销售的前提下控制其单位消耗。

②固定销售费用是指与产品销售数量没有直接关系的销售费用，如广告费、销售部门管理人员的工资等。由于固定销售费用与销售量没有直接关系，所以控制的时候以总额控制为主，如限定预算期间用于广告费用的支出金额。

（3）管理费用预算控制

管理费用预算由许多明细项目组成，对不同项目的费用应采用不同的控制方法，但就费用水平而言，应采用费用预算总额控制的方法。例如，对于可能发生的坏账，事先应该按照应收账款的一定比例和账龄长短来核定预算年度的坏账准备。如果实际发生的坏账超过了预算数额，那么在核销时应该由有权控制的部门核准，并查找发生超额坏账的原因，写出情况报告。

第21问　资本预算如何控制

【案例】

某集团公司为市属国有企业，主要经营活动为承接市级及以上重点项目建设资金以及项目专项资金，以储备土地投资建设为主，尚未形成实质性营业收入，导致企业管理费用高昂，利润总额为负值。2020年度集团公司计划争取市级重点项目建设资金56 000万元。争取国家专项基金股权投资20 000万元，争取重点项目战略推进专项资金3 000万元。2021年度资金争取及融资预算合计79 000万元，比上年增加38 600万元。

【解析】

企业对资本的预算不能仅考虑尽量压缩支出，还应该考虑战略成本。所谓战略成本，是指那些能使企业获得价值创造和核心竞争力的成本。这些成本包括技术研发的成本、开发市场的成本和扩大生产以提高质量的成本等。这些成本着重的是企业的长远利益而非短期利益。技术研发可以使企业获得技术上的领先优势，开发市场可以使企业扩大市场占有率，扩大生产可以使企业因生产能力提高而获得规模效益，提高质量可使企业争创名牌。因此，资本预算控制应根据实际情况的变化，随时调整支出项目与支出金额，使资产的取得、维护和重置等能够顺利进行。一旦发生无法预计和解决的问题，企业应遵循谨慎性原则，及时停止资本支出项目，以最大限度地减少损失。

资本预算的控制分为以下三个阶段。

1. 正式授权进行特定资本项目的计划

对主要的资本支出计划，需要最高管理者批准，批准的形式可以是正式或非正式的通知。相应地，对重要性程度递减的资本支出计划，由相应级别的管理部门授权即可。

2. 资本支出项目进行中的支出控制

一旦资本支出项目经过批准并开始实施，企业应立即设立专门档案用以记录发生的成本、费用支出，并根据责任范围编制工作进度作为补充资料。每个资本支出项目的进展情况报告，都应该每隔一段时期呈报给相应的管理机构，重要的资本项目则需要将报告呈送给企业最高管理者审核。在报告中应包括的项目有以下几项。

（1）成本项目。成本项目中应列明资本项目的预算金额、到报告期为止的累计支出和尚需支付的待付款项、预算中未使用的金额、已经超过或低于确定支出的数额。

（2）收入项目。如果资本项目投入后马上就可以产生收益或在报告期内产生了收入，那么应在报告中列明收入数额、收入取得的原因和方式等。

（3）进度报告。进度报告中需要说明项目开始日期、预计进度表、实际进展程度和项目预计完成尚需的时间。

（4）其他需要说明的情况。没有包括在上述三个项目中但又比较重要的问题可以放在这个项目中，如项目的质量、一些事先未预计到的问题等。

3.资本项目完成后需记录与归档

资本项目完成后，关于该项目的档案资料也记录完毕。实际情况、预算情况以及两者的对比、分析、解决情况，项目的验收和试运行情况等都一一包括在内。这些档案资料经相应管理机构核准后可以归档。

经过以上阶段，对资本预算的控制已经基本完成，如果是重大的资本支出项目，还应遵循重要性原则，跟踪观察，进行定期研究，确定该项目是否产生当初分析时所预期的结果。这样的考察是十分必要的，不仅可以对原分析的适当性提供良好的测验，还可以为将来的经营决策提供有价值的参考资料。

第22问　怎样控制现金预算

【案例】

某公司2020年合理进行资金存储，争取资金收益最大化。预计存储收益1200万元，比2019年的1 800万元减少600万元，主要原因是可存储资金减少，年化收益率降低。

【解析】

通过对前面各项预算的控制，预计利润表和预计资产负债表的编制已经得到了较好的保证，但还需要对现金进行专门的管理控制。良好的现金控制制度是非常重要的，因为现金的多余和不足，特别是不足，给企业带来的潜在影响是难以估计的。

1. 避免现金不足的方法

实际现金收支与预算收支之间的差异是一定存在的，发生差异的原因可能有现金影响因素的变化、意外情况对生产经营的影响、现金控制不得力等。企业为了缩小差异，避免出现现金不足的情况，可以采取以下方法：

（1）加强应收账款的催收力度；

（2）减少付现费用；

（3）延迟资本支出；

（4）推迟待付的款项；

（5）在不影响生产经营的基础上减少存货数量。

2. 对现金预算进行控制的方法

（1）对现在及未来可能的现金状况做出适当和连续的评价。这个程序涉及定期评估和截至报告期所发生的实际现金流动情况，以及对下一期间可能发生的现金流量的再预测。

（2）保存逐日（或更长间隔期间）的现金状况资料。为减少利息费用，确保现金充足，有条件的企业可以每天对现有现金状况进行评估，这个方法特别适用于现金需要波动幅度较大、分支机构分散且有庞大现金流量的企业。在实际经济活动中，很多企业都通过编制现金收支日报表来控制现金流量。

第3章

现金管理：
保证企业血脉畅通

现金管理在现代企业管理中占据着十分重要的位置。如果把企业比喻成一个人，那么现金就是企业的血液，现金流量就是企业的血液循环。作为公司的管理者，应该具备这方面的基础知识和基本常识，这样才能跟上时代的步伐，与财务会计部门的人员通力合作，使企业的发展步入一个良性轨道。

第23问 现金的使用范围是什么

【案例】

A公司欠B公司50 000元的货款，A公司财务人员赵某填写一张现金支票到其开户行要求支取，并在支票的"用途"项填写了"货款"，但开户行柜员却不予办理，原因是什么呢？如果赵某直接将企业库存现金支付给B公司，那么这样属于违规操作吗？

【解析】

根据国家现金结算制度规定，企业收支的各种款项，必须按照国务院颁布的《现金管理暂行条例》的规定办理，在规定的范围内使用现金。

1. 职工工资、津贴。这里所说的职工工资指企事业单位和机关、团体、部队支付给职工的工资和工资性津贴。

2. 个人劳务报酬。指由于个人向企事业单位和机关、团体、部队等提供劳务而由企业、事业单位和机关、团体、部队等向个人支付的劳务报酬，包括新闻出版单位支付给作者的稿费；各种学校、培训机构支付给外聘教师的讲课费；以及设计费、装潢费、安装费、制图费、化验费、测试费、咨询费、医疗费、技术服务费（介绍服务理由）、经纪服务费、代办服务费、各种演出与表演费以及其他劳务费用。

3. 根据国家制度条例的规定，颁发给个人的科学技术、文化艺术、体育等方面的各种奖金。

4. 各种劳保、福利费用以及国家规定的对个人的其他支出，如退休金、抚恤金、学生助学金和职工困难生活补助。

5. 收购单位向个人收购农副产品和其他物资的价款，如金银、工艺品和废旧物资的价款。

6. 出差人员必须随身携带的差旅费。

7. 结算起点（1 000元）以下的零星支出。超过结算起点的应实行银行转账结算，结算起点的调整由中国人民银行确定报国务院备案。

8. 中国人民银行确定需要现金支付的其他支出。如采购地点不确定、交换不便、抢险救灾以及其他特殊情况，办理转账结算不够方便，必须使用现金的支出。对于这类支出，现金支取单位应向开户银行提出书面申请，由本单位财会部门负责人签字并盖章，开户银行审查批准后予以支付现金。

除上述5、6两项外，其他各项在支付给个人的款项中，支付现金每人不得超过1 000元，超过限额的部分根据提款人的要求，在指定的银行转存为储蓄存款或以支票、银行本票的方式予以支付。企业与其他单位的经济往来除规定的范围可以使用现金外，应通过开户银行进行转账结算。

另外，企业可以设置备用金账户，支付一些日常开支。备用金是指企业财务部门预付给企业内部各部门或者职工个人因企业生产、科研、经营和管理工作需要而备作职工差旅费、职工探亲路费、出国人员经费、零星采购或零星开支等项用款的款项。企业支取备用金用途的现金时，一般不超过5 000元，否则银行有权不予办理。

第24问　企事业单位的库存现金限额是如何规定的

【案例】

某市区大型商场，日均销售额为500万元人民币，其库存现金限额为10万元，那么每天应上缴开户行的款项大致为490万元，每日营业终了或在银行营业终止前将款项派专人护送至收款行。

【解析】

库存现金限额，是指国家规定由开户银行给各单位核定一个保留现金的最高额度。核定单位库存限额的原则是，既要保证日常零星现金支付的合理需要，又要尽量减少现金的使用。开户单位由于经济业务发展需要增加或减少库存现金限额，应按必要手续向开户银行提出申请。

为了保证现金的安全，规范现金管理，同时又能保证开户单位的现金正常使用，按照《现金管理暂行条例》及实施细则规定，库存现金限额由开户银行和开户单位根据具体情况商定，凡在银行开户的单位，银行根据实际需要核定3～5天的日常零星开支数额作为该单位的库存现金限额。边远地区和交通不便地区的开户单位，其库存现金限额的核定天数可以适当放宽在5天以上，但最多不得超过15天日常零星开支的需要量。开户银行会认真督促开户单位将超过限额的现金及时送存银行。对一些现金收入较多的单位，金融机构实行上门收款和非营业时间收款制度。金融机构对单位库存现金要定期进行抽查，发现违规操作的，会给予经济处罚。

库存现金限额每年核定一次，经核定的库存现金限额，开户单位必须严格遵守。其核定具体程序为：

1. 开户单位与开户银行协商核定库存现金限额。

库存现金限额＝每日零星支出额×核定天数 每日零星支出额＝月（或季）平均现金支出额（不包括定期性的大额现金支出和不定期的大额现金支出）/月（或季）平均天数

2. 开户单位填写"库存现金限额申请批准书"。

3. 开户单位将申请批准书报送单位主管部门，经主管部门负责人签署意见，再报送开户银行审查批准，开户单位凭开户银行批准的限额数作为库存现金限额。

4. 各单位实行"收支两条线"，不准"坐支"现金。所谓"坐支"现金是指企业事业单位和机关、团体、部队从本单位的现金收入中直接用于现金支出。各单位现金收入应于当日送存银行，如当日确有困难，由开户单位确定送存时间，如遇特殊情况需要坐支现金，那么应该在现金日记账上如实反映"坐支"情况，并同时报告开户银行，便于银行对"坐支"金额进行监督和管理。

5. 企业送存现金和提取现金，必须注明送存现金的来源和支取的用途，且不得私设"小金库"。

第25问　现金的保管应该注意什么

【案例】

刘洁是某建筑公司驻京办事处职工，因与单位领导素有矛盾，于是决心报复。2020年1月16日，刘洁得知单位刚从银行取出了50万元，而第二天正好轮到她值班。当天刘洁几次打电话通知张超，称"有钱了"，让他第二天带着绳子、手套和胶带等工具过来。

17日早晨，刘洁一人在办公室。虽然存放现金的抽屉上了锁，但她巧妙地将上面一层抽屉取下，于是大量现金暴露出来。张超赶到后帮助刘洁将4捆总计40万元人民币装进了预先准备好的袋子里。按照事前两人的预谋，刘洁让张超用绳子将自己双臂、双腿捆绑在椅子上，用胶带将嘴封住。此外，"细心"的刘洁还让张超临走前用墩布将脚印擦掉。为了防止被困时间过长，张超离开时拿走了刘洁的手机，并给单位领导发了个短信说"单位出事了"。领导赶到单位后报了警。刘洁对民警谎称自己遭两名男子抢劫，但随后公安机关在存放现金的铁皮柜内提取到了刘洁的指纹。

张超携带巨额现金返回河北老家后，将现金藏在了院内西墙下。后在家人的劝说下，张超选择了自首并将钱款全数返还。

【解析】

此案虽然最终没有给该企业造成重大损失,但也暴露了在现实生活中企业在现金管理以及保管中存在的问题。

为了保证企业的现金安全,各单位应配备专用保险柜,专门用于库存现金、各种有价证券、银行票据、印章及其他出纳票据等的保管。各单位应加强对保险柜的使用管理,制定保险柜使用办法,要求有关人员严格执行。一般来说,保险柜的使用事项应注意如下几点。

1.保险柜的管理。保险柜一般由总会计师或财务处(科、股)长授权,由出纳员负责管理使用。

2.保险柜钥匙的配备。保险柜要配备两把钥匙:一把由出纳员保管,供出纳员日常工作开启使用;另一把交由保卫部门封存,或由单位总会计师或财务处(科、股)长负责保管,以备特殊情况下经有关领导批准后开启使用。出纳员不能将保险柜钥匙交由他人代为保管。

3.保险柜的开启。保险柜只能由出纳员开启使用,非出纳员不得开启保险柜。如果单位总会计师或财务处(科、股)长需要对出纳员工作进行检查,如检查库存现金限额、核对实际库存现金数额,或有其他特殊情况需要开启保险柜,那么应按规定的程序由总会计师或财务处(科、股)长开启。在一般情况下,不得任意开启由出纳员掌管使用的保险柜。

4.财物的保管。每日工作终了后,出纳员应将其使用的空白支票(包括现金支票和转账支票)、银钱收据和印章等放入保险柜内。保险柜内存放的现金应设置和登记现金日记账,其他有价证券、存折和票据等应按种类造册登记,贵重物品应按种类设置备查簿登记其质量、重量和金额等,所有财物应与账簿记录核对相符。按规定,保险柜内不得存放私人财物。

5.保险柜密码。出纳员应将自己保管使用的保险柜密码严格保密,不得向他人泄露,以防为他人利用。出纳员调动岗位,新出纳员应更换使用新的密码。

6.保险柜的维护。保险柜应放置在隐蔽、干燥之处,注意通风、防湿、防潮、防虫和防鼠；保险柜外要经常擦抹干净，保险柜内财物应保持整洁卫生、存放整齐。一旦保险柜发生故障，应到公安机关指定的维修点进行修理，以防泄密或失盗。

7. 保险柜被盗的处理。出纳员发现保险柜被盗后应保护好现场，迅速报告公安机关（或保卫部门），待公安机关勘查现场时才能清理财物被盗情况。节假日满两天或出纳员离开两天以上没有派人代其工作的，应在保险柜锁孔处贴上封条，出纳员到位工作时揭封。如发现封条被撕掉或锁孔处被弄坏，也应迅速向公安机关或保卫部门报告，以使公安机关或保卫部门及时查清情况，防止不法分子进一步作案。

第26问　如何保持最佳现金持有量

【案例】

某公司为了提高企业的现金使用效率，于是组织财务部门人员确定企业的最佳现金持有量。已知相关人员提出了5种现金持有方案，具体数据如表3-1所示。

表3-1　企业现金持有量的方案

单位：万元

项目	方案1	方案2	方案3	方案4	方案5
现金持有量	60	90	120	150	200
有价证券利率	13%	13%	13%	13%	13%
机会成本	7.8	11.7	15.6	19.5	26
短缺成本	50	30	15	6	026
相关总成本	57.8	41.7	30.6	25.5	

机会成本 = 现金持有量 × 有价证券利率

当现金持有量为60万元时，机会成本为7.8万元；现金持有量为90万元时，机会成本为11.7万元，以此类推，求出后3种方案的机会成本如上表所示。5种方案的机会成本分别加上各自的短缺成本，最终得出如表所示的相关总成本，可见当现金持有量为150万元时，相关总成本最低为25.5万元，此时的现金持有量150万元为最佳现金持有量。

【解析】

营运资金持有量的高低，直接影响企业的收益和风险。较高的营运资金持有量，风险性较小，但会降低企业的收益性；较低的营运资金持有量，收益性较高，但会加大企业的风险。营运资金持有量的确定，就是在收益和风险之间进行权衡。宽松的营运资金政策即持有较高的营运资金，收益、风险均较低；紧缩的营运资金政策即持有较低的营运资金，收益、风险均较高；适中的营运资金政策即营运资金持有量不高也不低，收益、风险适中。那如何保持最佳现金持有量呢？

1. 现金周转模式

现金周转模式是从现金周转的角度出发，根据现金的周转速度来确定最佳现金持有量。

现金周转期是指从现金投入生产经营开始，到最终转化为现金的过程。这个过程经历三个周转期：①存货周转期。将原材料转化成产品并出售所需要的时间。②应收账款周转期。指将应收账款转换为现金所需要的时间，即从产品销售到收回现金的期间。③应付账款周转期。从收到尚未付款的材料开始到现金支出所用的时间。现金周转期的计算公式：

现金周转期 = 存货周转期 + 应收账款周转期 – 应付账款周转期

最佳现金持有量 =（公司年现金需求总额 / 360）× 现金周转期

2. 成本分析模式

成本分析模式是根据现金有关成本分析、预测其总成本最低时现金持有量的一种方法。运用成本分析模式确定现金最佳持有量，只考虑持有一定量的现金而产生的机会成本及短缺成本,而不考虑管理费用和转换成本,在这种模式下最佳现金持有量就是持有现金而产生的机会成本与短缺成本之和最小时的现金持有量。

3. 存货模式

公司现金持有量在许多方面与存货相似,因此存货经济订货批量模型在一定程度上也可用于确定目标现金持有量。存货模式是根据存货控制中经济进货批量模式的基本原理,通过分析现金持有量的影响因素而进行的。在这种模式下,能够使现金管理的持有成本与转换成本之和保持最低的现金持有量即为最佳现金持有量。这里所讲的持有成本是指企业因保留一定的现金余额而增加的管理成本及丧失的再投资收益,其中管理成本是由于对该现金余额进行管理而增加的费用支出,例如管理人员的工资等,它不具有固定成本的性质,同时在一定范围内与现金持有量的多少关系不大,属于决策无关成本。而再投资收益是由于企业不能使用该现金进行有价证券的投资所产生的机会成本,它属于变动成本,与现金持有量的额度关系密切,现金持有量越大,机会成本越高,反之就越小,属于决策相关成本。因此,计算最佳现金持有量的持有成本仅是其中的机会成本而已。

4. 随机模式

存货模式要求已知公司未来的现金支出,且假定其流出量是均匀的,这不符合大多数公司的现实状况。随机模式是假设公司每日的现金流量为一随机变量,它近似地服从正态分布。该模式适用于企业未来的现金流量呈不规则的波动、无法准确预测的情况。随机模式认为,公司持有现金的数量取决于下列因素:①持有现金的机会成本;②持有现金与证券之间的转换成本;③公司现金流量是由外界决定的,波动是不可控制的;④公司收入与支出现金的流量是不可预测的而且是不规则的。这种模式的基本原理是制定一个现金量控制区间,即定出上限和下限。

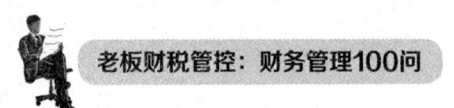

第27问　怎样编制现金流预算

【案例】

宝钢集团现金流量预算的编制采取"以收定支，与成本费用匹配"的原则，采用"零基预算"的编制方法，按收付实现制反映业绩。具体编制时，采取自上而下的方式，由资金管理部门制定统一格式、要求，并对各部门预算的子项目进行细化，对所有数据均要求提供计算公式及对应的业务量，由各预算责任单位根据成本、费用预算编制现金流量预算，由资金管理部门汇总、初审和平衡后报送预算委员会审查，其间经过多次上下反复、平衡，并与公司的经营目标相对应，最终形成年度现金流量预算。同时，根据公司年度预算制定各部门的动态现金流量预算，按季、月、周对各部门的现金流量制定分时段的预算，实现对其日常现金流量进行动态控制。

责任部门在执行预算的过程中，须按月上报执行情况并加以说明，由资金管理部门汇总各部门资金使用情况，跟踪分析（尤其是重大出入项目分析），及时反馈信息，以利于各部门的现金流量控制。

对现金年流量预算的调整，宝钢建立了逐项申报、审批制度。由预算责任部门提出申请，资金管理部门提出调整意见，预算委员会批准。预算调整分为预算内调整和预算外调整，预算内调整指总流量不变，在某些项目或部门内调整；预算外调整指要求增加流量的调整，各部门始终执行最新调整过的预算，以确保统一口径，及时跟踪经营情况的变化。

对现金流量预算的监督、考核，则根据各部门现金流量使用的特点，建立起以预算为基准的指标考核体系。由资金管理部门根据部门实际执行预算的业绩，按月、季、半年及年度进行分析，提出相关建议，对预算编制部门考核预算制定相关考核制度，实时掌握预算执行部门考核预算完成情况。有效的监督、考核手段为提高公司资金使用效率、促进资金有效使用打下了良好的基础。

【解析】

现金流量预算是按收付实现制来全面反映企业的生产经营活动的财务预算之一，其编制是从现金的"流入""流出"两个方面进行的。

1. 现金流入的预算内容包括生产经营活动产生的现金流入和其他非经营活动产生的现金流入。生产经营活动主要是指企业投资活动和筹资活动以外的所有交易事项。就工商企业来说，主要包括销售商品、提供劳力、经营性租赁、购买商品、接受劳务、广告宣传、推销产品和缴纳税款等。而销售商品、提供劳务收到的现金则需要以销售收入预测为基础，依据销售方式来确定，同时利用历史资料进行定量的趋势分析预测并参照专业销售人员意见进行定性预测。

2. 现金流出预算的内容包括生产经营活动产生的现金流出和非生产经营活动产生的现金流出。在成本费用的现金流出中，购买商品、接受劳务支付的现金和经营租赁所付的现金以及支付给职工的现金可以根据经营收入预算或销售量预测倒推确定，也可以采用直接计算法来确定。总之，对于现金流量预算来说，除了要反映即期内现金流入与现金流出的数额外，还要反映发生的时间。因为只有总量没有时间的"流量预算"是无意义的。现金流量发生的时间预算越准确，资金调度就越从容，从而有助于提高资金使用效率，降低资金占用成本。所以，从内容上说，现金流量预算是二维的。企业的运转分分秒秒离不开现金的流动，支付工资、购买办公用品、购置原材料和固定资产、支付税款和偿还贷款等。大多数企业在一定时期内的现金收支是有一定波动的。市场热点或是季节的变化都会直接影响经营额的多少，进而影响现金流入流出的数量。

现金预算的编制基础是收付实现制，编制现金预算的基本技巧有：尽量缩短编制时间，稳健预测现金流量，充分考虑概率因素，对于季节期经营应按季节分期编制。现金预算的具体编制方法主要有两种，即现金收支法和收益调整法。

（一）现金收支法

这是最为流行的预算编制方法，其基本步骤为：

1. 预测、确定企业的最低现金储备量；

2. 估算预测期内的现金流入量；

3. 估算预测期内的现金流出量；

4. 计算预算期内现金净流量；

5. 确定现金不足或现金多余的处理方法。

现金收支法评价：

1. 直接体现现金收支，有利于控制和分析现金预算执行情况；

2. 生产经营成果与现金流量的重要关系没有显示出来。

（二）收益调整法

收益调整法的编制基础是利润表各个项目，通过对利润表项目的调整来确定现金预算表各项目。这种方法能够体现企业经营成果与现金流量之间的内在联系和外在差异，有利于控制现金流、改善现金流状况。其基本步骤是：

1. 将权责发生制基础上的税前净收益调整为收付实现制基础上的税前净收益，然后调整为税后净收益。

2. 现金收付制基础上的税后净收益加减与预算期收益无关的现金收付金额，调整为预算期内先进余额的增加额。

3. 确定可供自由支配的现金余额。

可供自由支配的现金余额 = 期初现金余额 + 预算期内现金增加额 − 期末最低现金储备量 − 现金股利支出额

4. 对可供自由支配的现金余额作出财务安排。

第28问　什么是现金折扣

【案例】

某公司拟采购一批原材料，价值50 000元，供应商提供的现金折扣条件为3/0，2/20，1/40，N/60。

（1）假设银行短期贷款利率是18%，该公司是否应该放弃现金折扣？若不放弃现金折扣，则最有利的付款日是哪一天？

放弃（立即付款）

折扣的成本 =[3%/（1-3%）]×[360/（60-0）]=18.56%

放弃（第20天付款）

折扣的成本 =[2%/（1-2%）]×[360/（60-20）]=18.37%

放弃（第40天付款）

折扣的成本 =[1%/（1-1%）]×[360/（60-40）]=18.18%

因为放弃现金折扣的成本均大于银行短期贷款利率18%，也就是说购货方能以相对较低的银行贷款利率融入资金，在折扣期内付款，享受一个高于借款资金成本的收益。所以公司应利用现金折扣，以获取高于银行利率的收益。

因为放弃立即付款的现金折扣成本最大，即享受立即付款的收益最大，所以应当选择立即付款。

（2）假设公司正好有一短期投资报酬率为25%的项目，该公司是否应该放弃现金折扣？因为项目的短期投资报酬率25%均高于放弃现金折扣的成本，所以应放弃现金折扣而对这一短期项目进行投资，以获取更高收益。这时，应选择信用期满第60天付款。

【解析】

赊购商品是一种最典型、最常见的商业信用形式。购货方采用赊购方式购买商品或劳务，其实质就是利用商业信用的方式来筹集短期生产经营资金。在销货方提供现金折扣的情况下，购货方通过商业信用筹资的数量与是否享有现金折扣有关。一般情况下，购货方有三种选择：第一种是享有现金折扣，从而在现金折扣期内付款，其占用销货方货款的时间短，信用筹资相对较少；第二种是不享有现金折扣，而在信用期内付款，其筹资量大小取决于销货方提供的信用期长短；第三种是超过信用期付款（即拖欠），其筹资量最大，但它对购货方信用的负作用也最大，成本也最高，购货方一般不宜以拖欠货款的方式来筹资。因此，购货方是在现金折扣期内付款，享受现金折扣，还是放弃现金折扣，在非现金折扣期内付款，要加以权衡。这时应考虑放弃现金折扣的成本问题。

1.放弃现金折扣成本的计算

所谓放弃现金折扣成本，就是不放弃现金折扣所能获得的收益，它的实质是一种机会成本。具体是指购买方因放弃现金折扣，而在非现金折扣期内使用商业信用资金所需要承担的资金成本。为了便于将其与其他资金成本进行对比分析，放弃现金折扣成本一般以年为时间单位来计算，并以相对数来表示。其计算公式如下：

放弃现金折扣的成本＝现金折扣率／（1－现金折扣率）×360／（信用期－折扣期）

放弃现金折扣成本的计算实际上就是一个借款的年利率的计算问题，非现金折扣期（信用期－折扣期）表示的是"延期付款天数"即"实际用款天数"。

2.运用现金折扣的决策原则

购货方是享有现金折扣还是放弃现金折扣，要将现金折扣成本与其他资金成本（一般是短期融资成本）相比较而决定。

（1）如果销货方提供的现金折扣条件是多重折扣，如 2/10，1/20，N/30，当购货方决定享有现金折扣时，那么应分不同的折扣期来计算放弃现金折扣的成本，选择放弃现金折扣成本最大的日期作为最有利的付款期。因为放弃现金折扣的成本就是享有现金折扣的收益。

（2）如果购货方想延期付款，利用商业信用资金进行短期投资，所得的投资收益率高于放弃现金折扣的成本，就应该放弃享有现金折扣而去追求更高的收益。当然应将付款日推迟至信用期满的当天，以降低放弃现金折扣的成本。

第29问　应收账款的管理方法有什么

【案例】

中南电力设计院的下属单位电力发行站，仅销售电力书刊这一项就形成了占总资产15%的应收账款，而且部分应收账款都在三年、五年以上，存在应收账款收不回来的风险。

存货的积压使得企业存在潜亏或损失。竞争机制在一定程度上会迫使企业以各种手段扩大销售、降低成本、增强市场竞争能力以提高企业利润率。比如，有的电力发行站为了降低购书成本（电力出版社大批购书有5%的优惠），不惜耗用大量资金购入电力出版社出版的刊物。但是，如果书卖不出去，那么就会造成图书积压，严重影响了资金的流动性。

对应收账款内部控制管理不严，企业回收账款的状况会不容乐观。大多数企业风险意识差，缺乏对应收账款的管理。具体表现为：一是企业缺乏对销售客户的资信审查制度；二是企业缺乏严密的内部控制赊销制度；三是企业缺乏有效的奖惩制度。

【解析】

应收账款的具体管理方法，用得较多也是最易于操作的，是账龄分析法与分类管理 ABC 法相结合的一种综合分析方法，具体操作如下。

1.首先应对每个客户进行分析，区分不同用户的信誉差别，结合产品市场占有率、市场需求状况及趋势变化等，合理确定每个客户的赊销额和赊销期，努力把好第一关。

2.对应收账款按账龄长短进行分析。在做具体账龄分析时要特别注意以下几个关键要素的设定：

（1）账龄从何时计起。如果不加区分一律从业务交易之日起计算，那么账龄分析表将难以准确反映出哪些逾期，哪些没有逾期或已经逾期的有多少等重要信息。所以应将所有的应收账款从债权确定之日起就编制账龄分析表，每当出现客户欠款逾期时，立即在当期将该逾期欠款抽出来，另行编制一张逾期账龄分析表。这样就可以得到动态的未逾期账龄分析表和已逾期账龄分析表，以便于管理。

（2）账龄单位的确定。以月、季、年为账龄单位都是可以的，具体选择哪个应该结合一个企业预期资金周转率来确定。但这里应注意，如果账龄单位选得过长，那么会直接影响到账龄分析表对真实状况的信息敏感度。

（3）逾期额大小的确认。如果每笔业务都是相对独立的并可逐笔认定，那么这个问题就不存在了。关键是在实践中有许多业务是不可能区分开的，例如一个客户最后一笔回款究竟是最后一次交易的货款还是归还以前的欠款就不能做简单的认定。一般来说，当一个客户长期有业务往来而且并未间断时，虽然始终保持一定的欠款，但是也应当把它认定为非逾期应收账款。但在这里有两种特殊情况应当做例外考虑：一是如果该客户长期滚动的欠款中曾经有某部分是提出过诸如质量、数量异议而又没有得到及时妥善处理并认定责任的，则应将该笔业务在清理解决完之前转入逾期应收账款中；二是当客户最后一笔交易款已逾期时，应将其所有欠款转入逾期应收账款中。

3. 结合上述分析，进一步将逾期账款按风险程度进行 ABC 分类，即对到期未能及时收回的应收账款，首先判断对方是否为恶意行为。把那些属客户恶意行为欠债不还的应收账款划分为 A 类；把那些由于客户经营不善未达到预期收益，或因为资金被挪作他用（如进行项目投资而挤占流动资金）等临时性经营困难而不能及时偿还的逾期应收账款划分为 B 类；对因自然灾害或客观环境发生较大变化（如国家政策做出重大调整）等不可抗因素引起经营极度困难而且扭转无望单位的逾期应收账款划分为 C 类。其次，分类采取不同的策略进行清欠。对 A 类债权，应及时采取措施包括法律手段进行清欠；对 B 类债权，可以要求客户采取一些补救措施，如适当延长付款时间但加收一定的逾期补偿等；对 C 类债权，视作延缓信用期，还是让利一部分给对方而少收一点该笔债权，要加以权衡，此时一定要算大账，尽可能地降低损失，绝不能斤斤计较，错失良机。

第30问　如何控制现金支出

【案例】

某公司在银行的活期存款余额为 100 万元，如果该公司已签发一张 30 万元的支票，并确知该支票尚未结清，那么其活期存款余额仍为 100 万元而不是 70 万元。这时，该公司可以继续占有并使用这 30 万元额度。

【解析】

优化货款支付过程，从而在合理的范围内尽量延长货款支付的时间。

1. 支付控制

延迟现金流出并尽量减少现金闲置时间，此类的现金支付控制措施对于有效的现金管理来说，也是十分关键的。主要措施有：

（1）支付账户集中。如果一家公司有多家开户企业，那么它应该能迅速地将资金调入专门进行支付的账户或企业，以防止在某些账户中逐渐积累起来过量的现金余额。严格控制支付的程序之一是，将应付账款集中于一个单一的账户或少量的几个账户中，这些账户应该设在公司总部。这样，资金就可以十分准确地在需要支付时再支付。如果企业想获取应付账款的现金折扣，那么就应该在现金折扣期末支付；如果企业不想享受现金折扣，那么应该在信用期限的最后一天付款，以最大限度地利用资金。

对于老板来说，账户管理的朴素思想是"各账户中都要有足够用的资金，但不能积累过量的现金余额"。为此，他们必须每天掌握有关入账金额的信息，并最好开发出在公司自有账户间自动转拨过量资金的系统。

（2）展期付款。在不影响信誉的前提下，尽可能地展期付款，以控制现金支出。

（3）设立零余额账户。零余额账户是指始终保持余额为零的一种公司支票账户体系；它要求有一个主账户（父账户）来弥补子账户的负余额，并存储子账户的正余额。

（4）远距离付款。远距离付款是指如果企业在较远的外地设有分支机构，那么该分支机构不能就地支付所欠款项，而必须由企业指定的付款银行进行远距离付款。这样做的目的是尽可能延长支票的邮寄时间和结清时间，从而控制现金支出。

2.利用浮账量

未结清支票的存在使得企业在银行里的可用资金，通常要大于企业账簿上的现金余额。公司的银行存款余额与其账面现金余额的差额，被称为"净浮账量"。

浮账量存在于从支票开出到它最终被银行结算之间的时滞。如果净浮账量能被准确估计,就可以减少企业存款余额并利用资金投资,获取收益。这种理财方式被称为"利用浮账量"。

第31问 其他货币资金有哪些

【案例】

M公司派采购员到外地进行零星采购,汇往外地银行办事处采购资金10 000元,采购员采购物资价值8 000元,支付增值税1 360元,余额转回汇款单位开户银行,会计分录为:

1. 汇出采购时:

借:其他货币资金——外埠存款　　　　　10 000元
　　贷:银行存款　　　　　　　　　　　　10 000元

2. 收到采购人员转来的发货发票时:

借:物资采购　　　　　　　　　　　　　8 000元
　　应交税金——应交增值税(进项税额)　1 360元
　　贷:其他货币资金——外埠存款　　　　9 360元

3. 收到开户银行通知,余额转回时:

借:银行存款　　　　　　　　　　　　　640元
　　贷:其他货币资金——外埠存款　　　　640元

【解析】

在企业的经营资金中,有些货币资金的存款地点和用途与库存现金和银行存款不同,如外埠存款、银行汇票存款、银行本票存款、信用证保证金存款、信用卡存款、存出投资款等,这些资金在会计核算上统称为"其他货币资金"。

企业应设置"其他货币资金"科目核算企业的外埠存款、银行汇票存

69

款、银行本票存款、信用卡存款、信用证保证金存款和存出投资款等各种其他货币资金。"其他货币资金"科目应该按照外埠存款的开户银行、银行汇票或本票、信用证的收款单位，分别对"外埠存款""银行汇票"、"银行本票""信用卡""信用证保证金""存出投资款"等进行明细核算。

企业增加其他货币资金，借记"其他货币资金"科目，贷记"银行存款"科目；支用其他货币资金，借记有关科目，贷记"其他货币资金"科目。

"其他货币资金"科目期末借方余额，反映企业持有的其他货币资金。

1. 外埠存款

外埠存款是指企业到外地进行临时或零星采购时，汇往采购地银行开设的采购专户的款项。

企业汇出款项时，须填写汇款委托书，加盖"采购资金"字样。汇入银行对汇入的采购款项，以汇款单位名义开设采购账户。采购资金存款不计利息，除采购员差旅费可以支取少量现金外，一律转账。采购专户只付不收，付完结束账户。

2. 银行汇票存款

银行汇票存款是指企业为取得银行汇票，按照规定存入银行的款项。企业向银行提交"银行汇票委托书"并将款项交存开户银行，取得汇票后，根据银行盖章的委托书存根联，编制付款凭证，借记"其他货币资金——银行汇票"科目，贷记"银行存款"科目。

3. 银行本票存款

银行本票存款是指企业为取得银行本票，按照规定存入银行的款项。企业向银行提交"银行本票申请书"并将款项交存银行，取得银行本票时，应根据银行盖章退回的申请书存根联，编制付款凭证，借记"其他货币资金——银行本票"科目，贷记"银行存款"科目。企业用银行本票支付购货款等款项后，应根据发票账单等有关凭证，借记"在途物资""应交税费——应交增值税（进项税额）"等科目，贷记"其他货币资金——银行本票"科目。如果企业因本票超过付款期等原因未曾使用而要求银行退款时，那么应填制进账单一式二联，连同本票一并交给银行，然后根据银行收回本票时盖章退回的一联进账单，借记"银行存款"科目，贷记"其他货币资金——银行本票"科目。

4. 信用证保证金存款

信用证存款是指采用信用证结算方式的企业为开具信用证而存入银行信用证保证金专户的款项。

5. 信用卡存款

信用卡存款是指企业为取得信用卡而存入银行信用卡专户的款项。

第32问　如何进行企业经营现金净流量能力分析

【案例】

怡平股份有限公司该指标的计算结果如下：

2007 年度收入经营现金净流量率 = $\dfrac{5\,880}{118\,800} \times 100\% = 4.95\%$

2008 年度收入经营现金净流量率 = $\dfrac{5\,406}{111\,050} \times 100\% = 4.87\%$

从以上计算结果可以看出，怡平股份有限公司现金积累能力比较低，这将会对它的扩张能力和应变能力带来不利影响。将该比率与主营收入税后营业利润率相比，可以发现收入经营现金净流量率略高于主营收入税后营业利润率，这表明，主营收入盈利率指标真实可靠，质量较高。

【解析】

由于利润是按权责发生制计算出来的，它与按收付实现制计算出来的经营现金净流入量存在一定的差异，企业盈利能力的高低与其现金支付能力的强弱并不相等；因此，为了考察企业现金支付能力的变化，有必要对企业经营现金净流量能力进行分析。经营现金净流量能力分析可以视为对盈利能力的补充分析，将盈利能力与经营现金净流量能力作比较，可以揭示企业盈利能力的质量。这可以进行如下分析：由于经营现金净流量中包含固定资产折旧和长期资产摊销等内容，而经营利润中则不包含这些内容，因此，经营现金净流量在一般情况下会大于经营利润，经营现金净流量能力也会高于经营利润盈利能力。如果经营现金净流入量低于经营利润，那么则说明其经营利润的质量较低。

1. 收入经营现金净流量能力分析

收入经营现金净流量能力用收入经营现金净流量率指标反映，其计算公式如下：

$$收入经营现金净流量率 = \frac{经营现金净流量}{营业收入} \times 100\%$$

该比率表明，企业在一定时期内从营业收入中取得的每一元现金有多少可以用于经营之外的支出。该比率的值越大，说明企业自我扩张的能力越强，该比率在不同行业之间差异较大，一般而言，该比率较大的行业其风险水平较低，这是因为企业从经营中收取的现金支付经营中需要的各种现金后的余额，即经营现金净流量，是企业可以自主支配的现金和现金积累的主要源泉，企业不仅扩大生产经营规模要依赖于它，而且对市场的应变能力也有赖于它。经营现金净流入量越大，企业的现金积累能力越强，应付突发事件和市场变化的现金支付能力才会越强，这种能力越强，就意味着企业面对的风险越低。

2. 总资产经营现金净流量能力分析

总资产经营现金净流量能力可以用总资产经营现金净流量率表示，该指标计算公式如下：

$$总资产经营现金净流量率 = \frac{经营现金净流量}{总资产平均余额} \times 100\%$$

该比率表示总资产创造经营现金净流量的能力，该比率越大，说明资产的现金回收能力越强，风险越小。用该指标与总资产税后利润率相比，可以判断企业总资产盈利率指标的质量。

3. 净资产经营现金净流量能力分析

净资产经营现金净流量能力既可用净资产经营现金净流量率表示，又可用普通股每股经营现金净流量表示。下面分别进行描述。

（1）净资产经营现金净流量率

该比率是经营现金净流量与净资产平均余额之比。其计算公式如下：

$$净资产经营现金净流量率 = \frac{经营现金净流量}{净资产平均余额} \times 100\%$$

该比率表示净资产创造经营现金净流量的能力，一般来讲，该比率越高越好。

（2）普通股每股经营现金净流量

普通股每股经营现金净流量是用得极为普遍的指标，我国证券市场上也要求公司发布此信息。将每股经营现金净流量与每股收益做比较，除了可以考察每股收益的质量之外，还可以考察公司现金股利的支付能力，每股经营现金净流量越是大于每股收益，说明公司支付现金股利的能力就越强。

第33问　银行存款管理中常见的错弊行为有哪些

【案例】

查证人员在查证A公司的"银行存款日记账"时，发现3月21日的一张凭证摘要栏为"退货款"80 000元,结算方式为委托付款。该笔货款入账时间为3月16日,在5天之内发生退货,查证人员怀疑有假退款行为。于是查证人员调出3月16日的账目凭证,其会计分录为:

借:银行存款　　　　　　　　　　　　　80 000

　贷:应收账款　　　　　　　　　　　　80 000

所附原始凭证两张,一张为A公司业务部门开出的红字退货发票,一张是A公司财会部门开出的转账支票,收款人为某厂代理处。查证人员分析,A公司从该厂收款为何把退款转到该厂在本市的代理处,决定追查支票去向。银行证实,款项转到B公司账户上,而B公司根本不存在。同时与某厂联系,该厂根本没有发生退货业务。

查证人员断定,A公司会计人员利用银行的漏洞或其他原因,开设黑户,隐瞒收入。后经查实,系A公司李某利用同银行工作人员的关系开设B公司账户,存入部分收入。

【解析】

1.擅自提现或者填票购物。会计人员或者出纳人员擅自签发现金支票提取现金或擅自签发转账支票套现购物。不留存根,不记账,将现金、实物据为己有。其主要原因是未建立有效的票据使用制度,未定期核对银行存款日记账和银行对账单。

2.公款私存。会计人员利用经管货币资金收支业务的便利,把公款转入自己私设的银行账户,从而达到侵吞公款或长期占有公款的目的。其主要原因是未建立有效的票据使用制度,未定期核对银行存款日记账和银行对账单。

3.多头开户,截留公款。会计人员利用个别银行间相互争资金、拉客户的机会,私自利用单位印鉴章在他行开设存款账户,以本单位更换开户行为名,要求付款单位将欠款或销货收入款转至私设的户头上,从而达到截留公款的目的。其主要原因是印鉴的保管岗位和货币资金收款岗位没有分开。

4. 转账套现。会计人员或有关人员配合外单位不法人员在收到外单位转入的银行存款后，开具现金支票，提取后交付外单位，达到套取现金的目的。其主要原因是负责债权债务的岗位和负责货币资金的岗位发生了混岗。

5. 私自背书转让。会计人员将收到的转账支票、银行汇票、商业汇票以及银行本票等票据私自背书转让给与其个人利害相连的单位，以达到变相侵吞、占有公款的目的。其主要原因是会计人员保管了支付事项所需的全部印章。

6. 出借支票、账户。会计人员非法将支票借给他人用于结算或者允许使用本单位开设的银行账户办理收付、转账业务，从中获取私利。其主要原因是票据、银行账户管理混乱，各种票据为连续编号，稽核岗位形同虚设。

7. 涂改银行对账单。会计人员私自提现，然后通过涂改银行对账单上的发生额或余额，使其与银行存款日记账上的金额相等或平衡，以掩盖银行存款已经减少的事实。其主要原因是会计分工出了问题，负责银行收付业务人员的职责和负责调节银行对账单人员的职责未分开。

8. 恶意串通，支付虚开票款。会计人员或其他有关人员串通厂家，根据开具的不实发票及虚假收料单（验收单），将购物票款转至厂家，对方提款后私分。其主要原因是会计核算时未做到账账相符、账实相符。

9. "初"取"末"存。出纳人员私改印鉴章，于月初从银行账户上提取大额现金，月末再把所欠"窟窿"补好，如此可使银行对账单上的期末余额和银行存款日记账上的期末余额相符，以掩人耳目。其主要原因是出纳人员保管了银行印鉴章。

第34问　怎样进行备用金的明细分类核算

【案例】

某公司目前日常开支财务操作程序如下：

公司日常开支备用金由用款人签借条后以借款方式存入本人的私人账户，公司出纳向用款人借取一笔小额备用金，当出纳备用金快用完时，出纳整理报销单后和用款人要存折提取报销款，每月1日公司会计和用款人核对备用金余额，如发觉余额不对才重新查账。

【解析】

请问以上的操作程序是否符合一般公司的日常开支财务管理？

用款人需要要求出纳对每一笔的报销提款签发借条于用款人吗？

会计目前每月只是提供备用金余额和用款人核对备用金账目，这样的核对方式合理吗？

首先说明，该公司备用金操作不符合一般公司备用金管理制度。正确的做法是，由出纳管理现金，当有业务发生需要借款时，由借款人直接向财务借取，步骤是借款人填写借款单，经领导批准后交给会计，由会计制作凭证，借款人在凭证上或借款人签字处签字，再交给出纳，出纳核对无误后向借款人支付现金。

其次，在用款人将钱交给出纳时必须向出纳索取收款证明，否则出纳不认账时，用款人怎么证明把钱给出纳了？到时候只有用款人借款的证明，而没有用款人把现金给出纳的证明，公司向用款人索取现金时怎么办？

核对方式是否合理就看有没有漏洞了，这种核对只是针对目前的操作规程定的，该公司的操作规程都不合理，这种核对只能是权宜之计，所以根本上还是要改变这种状况。另外，如果会计与出纳联合起来舞弊，报销了说没报销，再向用款人要现金怎么办？所以用款人给出纳每一笔现金都需要索取收条。

会计和用款人核对备用金是对的，不然有错误出现的时候都不知道什么时候出的错。该公司的做法是不符合备用金管理制度的。公款是不能存入私人账户的。备用金留存是有一定额度的。多余的现金必须存入开户行。如果需要时可提现。现金的往来一定要有正常的收支手续。为了具体反映"备用金"账户的预借、报销和结余的核算情况，除进行必要的"备用金"账户的总分类核算以外，还必须按领取"备用金"的有关部门和职工分类分别设置"备用金"明细分类账户，进行"备用金"的明细分类核算。

（1）按部门和职工姓名设置明细分类账

"备用金"的明细分类核算，首先应按照企业内部各有关部门进行分类，再按照职工姓名来设置明细分类账，这是备用金管理的一项基础工作。因为一个企业特别是大中型企业，一般都拥有上千名甚至上万名的职工，要管理好"备用金"，必须实行按部门和职工姓名来设置明细分类账，这样的做法既方便职工，又方便会计人员的核算和管理；既有利于控制和管理好各部门的"备用金"使用，便于归口分级管理，节约资金，落实企业内部的经济责任制，又有利于提高企业经营管理的效率。

（2）进行平行登记

"备用金"账户的明细分类核算，必须坚持在总分类账与明细分类账之间的平行登记。也就是根据当月实际发生的"备用金"各种记账凭证，既要在"备用金"总分类账进行登记，又要在"备用金"总分类账所属的有关明细分类账进行登记，以保证总分类账与其所属的明细分类账的借方、贷方和余额的数额保持一致，做到账账相符，保证总分类账统驭明细分类账的要求。

（3）作好明细分类账与总分类账的核对

月末的时候，会计人员应将"备用金"各明细分类账余额的合计数与"备用金"总分类账余额进行核对，发现有差误时，应立即查找原因，作到及时核对无误，确保账账相符。

第4章
利润管理：
让企业具有更强的"吸金"力

利润是企业生存发展的核心指标，不论是投资人、债权人还是企业经理人员，都非常关心企业的盈利能力，而利润管理是企业目标管理的重要组成部分。如果企业经营发展的状态较好，那就能获得可观的利润。但企业利润的持续增长，应该以企业内部科学严谨的利润管理体系为基础，从而让利润和企业经营管理工作的效果有双重保障。

第35问　怎样在日常经营管理中挤出利润

【案例】

某塑胶金属企业主要生产豆浆机、料理机和绞肉机等小家电产品，每年生产量可达到数百万台，产品远销全球，在欧洲、非洲和美国都有较好的市场。2018年上半年，该企业的产能达到了上百万，实现销售额约2亿元。鉴于较好的市场销售状况，企业高层讨论：是否应该增加投入50%的产能，抑或适当对产品价格进行调整。经过企业内部的测算之后，该企业的产品平均成本是每件60元，而作出的平均边际利润贡献为40元。另外，企业总的固定成本费用为3 000万元，税前的利润为1 000万元。企业如果想要在下半年成功地获得利润，更好地在市场中击败竞争对手，就需要在降价的政策基础上来进行促销。但一旦进行降价，就应该增加1倍的产能，即要实现200万的销售量，才能确保实现同去年同期相同的利润。无疑，这样的方案对于企业的销售和生产部门都有着较大的压力。但是，如果企业的产品价格向相反方向调整，上涨20%，那么情况就会有所不同。涨价之后，假设企业原有的产品成本不变，只需要实现66万件的产品销售，就能保证实现应有的利润。这意味着，在涨价之后，企业肯定能保持上半年的赢利，即使流失掉原来将近33%以上的客户也能实现，但这实际上并不可能发生——涨价最多只会丢失那些对产品价格最敏感的客户。因此，在这样的情况下，对价格进行上涨调整，不仅能够保持原有产品的赢利水平，还能够使企业的利润获得更大增长。另外，该企业除了进行价格调整之外，为了更好地提高利润水平，还降低了生产成本，使得其中变动成本降低了2%。这是因为该企业领导在决策中考虑到，当变动费用上升后，产品所产生的边际利润就会下降，并对企业整体赢利能力产生影响。另外，还压缩了6%的固定费用、降低了一些人力成本，并对人员过多的部门实施了裁减计划。通过这些措施，该企业有效地利用了日常管理中的决策措施，获得了更大的利润空间。

【解析】

总结上述案例，在经营管理过程中最具有代表性的问题包括：如何对企业经营中的成本进行控制和改善，并采取怎样的措施予以实施；如何对企业管理中的人员管理失控或者资源分配失调问题进行解决等。

1. 改善管理从改变思想做起

老板们应该明白，所有为获取利润而努力的成功，其开头都是管理上的麻烦，老板自己一定要坚持信念，才能将管理理念坚持贯彻下去。

因此，在着手对企业管理经营进行改革的过程中，老板应该正确对待这样三种人：第一种人，对企业的经营改革坚决执行，属于支持者，这种人应该被重视，并邀请他们参与讨论，制定出新的经营方针；第二种人，对企业的经营改革有所等待，希望能跟随大趋势，对于这种人老板应该充分争取，让他们理解新决策能够带来的切身好处；第三种人，对企业的任何变革都予以反对，对于这种人的意见可以暂时不予听从，这样反对者的声音就会逐渐消失。

2. 规范支出，降低变动成本

为了作好对成本的精细化管理，支出部分的消耗和浪费一定要严格区分。其中，经营的成本消耗管理，是指对企业供应商的管理水平、对企业自身采购过程的管理水平；而在浪费部分，应该加强企业内控管理水平，将生产部分的责任和采购部分的责任予以分割，这样就能保证成本花在刀刃上。

3. 合理调配，降低固定费用

不少企业之所以利润不高，是因为其企业资产的周转率与使用率都很低。企业老板不妨安排专门人手，去对企业中单个产品生产所用时间、生产速度以及生产过程中所消耗的时间进行测算，这样就能找到解决问题的方向，从而对生产资源进行合理调配并降低固定成本。

另外，对人员进行及时调整也很有必要。企业应该有明确的减少间接员工成本的目标，并能够及时将这样的目标分配到不同部门，从而给予这些部门员工适当的压力，使得企业内部充满竞争力，同时也能减少成本支出。当然，想要做好这一点，也需要注意到实际生产过程中不同部门的生产规划，调整安排好员工，为企业长远发展作准备。

第36问　如何开辟新利润源

【案例】

某老板所经营的公司正在经历这样的变化。

该公司生产管材管件，主要产品包括排水管、给水管、燃气管、电气电缆等不同的管材管件，主营产品包括空调管、排水管和燃气管。其中，空调管提供给一般的空调安装经营者，排水管提供给自来水公司，而燃气管则供应于大型燃气公司。在这三种利润模式中，燃气公司客户又占据了重要的贡献比例。2018年，该公司实现销售收入3 000万元左右，其中毛利率达到20%，而当年7月在对企业的设备进行更新改造之后，年产值更是达到1亿件。这样，企业就面临着如何去应对产值扩大来提高净利润的困难。为了解决这个问题，企业在年底对产品价格作出调整，决定在原有价格的基础上提高5%。结果，企业高层发现报价提高之后，对价格较为关注的低端客户几乎全部停止了购买企业产品，而公司营销团队对于高端客户的关系维护也变得岌岌可危。这种困境直接导致了销售量的下降，进而导致企业现金流的收缩。仅仅是2019年，公司就有数千万元的应收账款无法回收。

【解析】

1. 新的利润源头，应当考虑代理商

想要开发新的利润源头，就应当考虑采取新的获利方式。对于企业而言，在具体的营销过程中究竟采用直销还是代理销售方式？作出选择的具体依据，在于衡量其中何种方式更容易对客户做好服务工作，何种方式能够让企业用最低的成本留住顾客。

例如，在生产企业中，如果选择作直销，利润来源方式就会相对单一。虽然直销方式能够让企业获得所有利润，但是同时，经营中所有的风险负担也转嫁到企业自身，这两者是必然会同时出现的。对此，企业应该采取统一标准，去衡量究竟是直销方式更容易服务客户、留住客户，还是代理销售方式更容易。事实上，很多实践经验表明，生产型企业作直销方式经营者，负担会相对沉重。而如果采取代理经销形式，那么有可能产生更大销量，使得企业资金流动性更好，这才应该是企业获取更大利润途径的最佳方式。

2. 转变思维，用产品开拓利润新渠道

虽然新产品的研发和生产需要更多的专业投入和更好的技术，但是实际上，对生产思维进行转变、对技术进行开发并没有老板原先所设想的那么困难。只要在作新产品的研发设计时，能够明确未来的目标客户，能够在应有的时期内保持独特的竞争优势，再加上一定的产品差异化优势，就能够让新产品针对高端客户，成为企业新的利润渠道。

因此，除了少数高科技行业领域之外，一般企业在短期内都可以根据特定的高端客户，对产品进行稍微的技术改进，就可以实现针对性的开发。即使企业本身技术研发能力较低，也可以通过对市场的调查进行学习乃至仿制，这样就能够打开对高端客户的供应渠道，而迅速开拓企业的利润渠道。

另外，企业如果能够作到充分地进行创新研发生产，且能够在不同档次的客户之间进行分别专供的对应生产服务，这样就会有越来越多的利润渠道。

3. 从细分客户到细分市场，从而细分利润渠道

很多中小企业在利润渠道管理方面存在着"小而全"的通病，始终处在这种阶段的企业，将难以取得长足的发展。相反，企业如果想要在行业领域中作出自己的特色，那么就必须要将自己的市场和其他竞争者的市场进行严谨的区分，从而细化市场经营，加大经营差异化。

第37问　怎样才能快速获得利润

【案例】

某家经营中小学课外培训课程的机构，主要面向中小学生教授基础课程，包括中小学升学考试的内容、信息教育等。目前，该机构经营良好，毛利率为40%，销售利润率为25%，资产用转率为1.72%。由于目前市场上有关中小学的培训机构品牌众多，在这个行业中，该机构经营三年来，并没有形成什么具有绝对优势的品牌，基本上是依靠单一的产品竞争优势来获取利润。例如，在某一项课程中，该机构依靠数学、英语等单项产品中优秀的能力作为相对的竞争优势，获得整个培训市场中的份额。结果，正是因为这种原因，导致某种单向的产品带来了较高营业额的同时，却也付出了支付给优秀老师更多的成本支出、场地费用等代价。同时，整个企业的产品销售被限制在一定的范围内，难以突破瓶颈，导致利润率较低。

【解析】

当企业发展到一定程度后，就会在经营过程中产生一些模糊认识，即不知道如何对赢利模式进行改善，也就难以明确企业未来的利润点。这直接导致老板不知道怎样加快赢利。

如果老板对自身赢利模式缺少非常明晰的定位，那么就会导致企业中的员工产生较大的压力。而想要让员工们在这样激烈的竞争面前从容不迫，能够参与到企业的长远持续发展中，就必须思考企业如何去迅速获得利润。

1. 更快赢利需要扩大销售基数

想要提高销售的利润，就必须作到扩大销售基数，即能够提高企业的销售收入。案例中的机构是作课程培训的，那么，不论是在同一个学生那里增加更多的产品服务，还是提高某个单一产品服务的销售密度，都能够紧密结合去进行操作。更为合理的办法则是集中注意力在其中某个目标上，做到迅速增长、稳定赢利。

2. 对客户消费速度进行分类

想要提高销售利润，就必须要作到基于客户的消费速度进行分类，并积极主动地筛选。例如，明确哪些客户会来参加培训课程，哪些客户不会参加培训课程；哪些客户会因为消费价格而考虑购买速度，哪些客户不会考虑这些因素。作好了客户分类，就能避免因为同质化的服务而带来的同质化竞争，进而打造出品牌的差异化，使得自己的特色服务发展下去的同时，还能加快利润的累计速度。

3. 明确企业的利润点

在企业的经营中，企业领导必须要明确利润点。一般来说，企业不适合同时将营销重点放在不同层次的客户上，而是应该选择其中的一个层次作为重点。而想要挑选出正确的客户对象来实现利润点，就需要明确企业自身的能力和特点更适合哪种利润方式。通过这样的办法，企业的利润才会到来得更快。

第38问　如何盘活企业资产

【案例】

一家餐饮食品加工企业，已有13年的历史。在某市的食品加工产业园区有25亩的厂房，专门进行生物发酵和保鲜食品研究开发工作，并在这里建立了企业总物流基地。这样一来，既方便从产业园区向公司的不同连锁专营店进行新产品的供应，同时也能为该市的经济建设作出贡献。考虑到企业所在的省区有着食用泡菜的历史，因此，泡菜成了该企业在餐厅经营和门店经营中必不可少的重要菜品。例如，在餐厅经营中所使用的大量泡菜，都是由产业园工厂自行加工生产的，这既是出于对食品安全、风味口感等因素的考虑，也是因为这些材料如果采取采购方式的话，有可能发生添加剂超标等问题，会给企业的品牌、产品的质量带来不好的影响。为此，该企业高层在该厂资产方面投入较大，迄今为止，已经投入了将近2 000万元，然而这个项目并没有产生什么利润。相反，企业还要为产业园区的运行支付成本、缴纳水电费、发放工资等。怎样尽快地将企业这部分资本盘活起来，成为老板最关注的问题。

【解析】

从上述案例中可以看出，该企业在餐饮食品加工和销售方面的业务做得很不错，由此他们想利用现有的资产，在原料供给上也着手经营取得一些收益。这样的想法和做法在目前的企业经营中并不少见，体现出老板对于利润的追逐愿望。不过，这样的做法还是需要企业能够客观冷静地发现机遇、善于经营并能够盘活资产。

1. 盘活资产首先要让思维活起来

企业经营能力的提升，意味着企业投入和产出比的最大化，而并非简单地能够先行投入资产，在时间上取得领先。因此，经营能力的提升，要求企业能够运用好自我现有资产，将擅长经营的项目坚定地做好。

因此，在打算盘活资产将企业规模做大之前，企业经营者应该重视盘活资产的同时所提高的组织成本、管理成本。而当企业的资产规模过大无法盘活的时候，就难免会走下坡路。为了避免出现这样的窘迫状况，企业在盘活资产之前要懂得取舍，要让思维"活"起来，能够结合自身长期的能力积累，充分建立长效的竞争力。

小企业不要急于做大事情，盘活资产的出发点应该基于现实。面对市场利益的诱惑，企业领导者在尝试盘活资产之前必须要考虑清楚是否需要放弃原有的市场，是否只有在新的市场中才能获得成功。回答好这些问题，盘活资产的愿望才能实现。

2. 联合经营和自我经营

对于类似上述案例中的企业，对新的市场有想法，但是自身的资产却没有能充分盘活得到运用，他们可以利用联合经营或者自我经营的方式，使产能得到充分发挥，来实现扩张潜在利益。

3. 无法盘活就要撤退

如果企业对于形势做出深刻的判断之后，发现盘活资产之路很难走好，那么就应该采取有计划地撤退的方式，利用产能寻找新的机遇。

第39问　怎样获得稳定的利润来源

【案例】

某家生产包装材料的公司，主要经营范围是不同的软包装材料开发、研究、生产和销售。在企业的运营过程中，该企业不断加强产品的技术创新，并提高产品设计和生产速度，其产品质量遥遥领先于其他同行业的公司。该公司在产品结构上的组合能够满足不同层次的客户需求，同时还从国内外引进了不同的先进生产设备，推行符合产品ISO质量体系和环境体系生产标准，用以保障产品质量，使得产品符合国外客户对包装材料的环保要求。

目前，企业在行业内保持较为稳定的上升势头，并获得了良好的利润。在这样的基础上，企业领导者想要进一步拓宽公司经营的区域，逐步提升区域赢利，并挖掘异地市场潜力。

当然，在经营过程中也有不利的一面：由于该行业经营门槛较低，许多中小企业开始涌入，甚至出现价格战。为了减缓竞争压力，企业想要稳定客户并获得持续的利润源。

【解析】

当前，不少企业都试图从区域领先的道路开始做大利润。例如案例中的包装材料公司，就是一种依附性较强的行业产品，整个企业乃至行业的经营状况、利润来源都和客户的状况紧密相关，如果产品销售量不好，那么企业的利润、发展都无法得到保证。因此，对于该企业领导者来说，围绕客户的意识尤为重要。

1. 区域领先，客户中心

从总体上来看，企业想要打造区域布局，应该将客户看作中心，能够围绕那些重点客户，进行客户关系建立和维护，从而真正落实为客户服务的理念，和客户不断前进。同样的道理，只有先作到区域领先，才能对企业自身的竞争地位加以巩固，并在激烈的竞争中获得更多客户、更多市场份额。

2. 对客户想法进行了解

如果企业想要加大对客户的投入，那么就应该学会对产品进行组合，并通过不同的组合方式，进一步延伸产品的生产和经营。这是因为，产品组合就是每个企业提供给市场上的全部产品项目进行组合之后所表现出来的结构，其中主要指企业的业务经营范围。然而，老板不能只是用这种传统意义上的观点去看待企业的产品组合。相反，产品组合具体表现为何种形式，应该从客户自身角度出发，了解和满足客户自身的需求，通过会谈、研讨等不同方法与客户进行沟通交流。

3. 立足基础，服务客户

对于大多数企业来说，虽然有可能接触到自己涉足业务范围之外的经营内容，也看到了客户的需求，但是，绝不能忽视自身的业务经营范围而去提供这样的经营内容，而不得不去应对新业务所带来的压力。随着信息传播速度的加快，只有做强自己基础能力的企业，才能凭借自身已有的实力和优势，在市场竞争中找到自己的位置。

第40问　创业期如何生存发展

【案例】

某家健康管理公司成立于2019年年初，并于当年5月开始营业。从营业一年之后的经营表现来看，该企业的经营状况很差，股东回报率为-130%，业务员回报率为-200%，而资产周转率也只有1.3%。2020年，该企业实现营业额110万元，而当时初期的投资却达到300万元左右。痛定思痛，该企业领导者发现主要的问题在于，该企业作为新成立的公司，知名度相对低，客户较少，而销售额和利润也随之变少。这家企业的经营流程首先从对客户进行高质量的体检开始，接下来，公司的健康专家会为不同的客户开出具体的、个性化的健康管理方案，并由健康顾问对客户进行后续体检。从企业2019年的运行情况来看，已经有一些客户对企业的情况相当了解，并非常认可企业所提供的健康方案，但是，由于企业的知名度较低，因此在创业期间表现出的销售状况并不理想。

【解析】

对于刚进入创业期的企业而言，资金是相当宝贵的企业资源。如果不能控制好资金的走向，那么企业在创业期就会面临很大的生存困难问题，甚至会导致企业无法迎接明天。企业在创业期间，应该怎样有效地利用资金，在作好赚取利润准备的同时，赢得生存发展的机会？围绕这个问题，老板应该作好下面的准备：首先，要做好创业期间资金预算的计划工作；其次，要尽早明确企业在创业期间所依赖的客户消费群体；最后，要了解和成本相关的各种因素，并制定出相应的标准。

1. 创业初期拒绝高成本

作为处在创业期的企业，最不应该犯的错误就是企业在经营初始就过高定位产品的价值，并将之体现在高成本上。这种行为很容易导致企业在发展之初就产生沉重的经营负担。例如案例中的企业领导认为，企业聘请的专家、后勤团队是产品的高价值，但实际上，产品最初需要的是市场和品牌。之所以这样说，是因为产品和市场之间需要有很好的连接，而这样的连接并不仅仅是销售出多少产品，而是指企业投入了多少成本。成本投入越多，如果利润不能有同样的成长，企业的销售额就不够大，那么企业规模的扩大就难以实现。

2. 初创企业必须了解市场

任何企业在初创时，企业经营者都不可能完全清楚地认识整个市场。再加上这些企业往往对当地经济环境整体上有很高要求，因此，这些企业在初创时期必须充分了解现有的市场状况，才能获得生存并得到扩展。

3. 初创企业应保持稳定起步

不少企业经营者都有这样的疑问：产品明明很好，宣传的功能价值也是真实存在的，但就是没有多少用户愿意买账。这实际上往往是因为企业犯下了起步不稳定的错误。产品是否有充分的价值，并非企业经营者自己进行宣传所决定的，产品在市场中通常无法完全表现成为刚性需求，大都是软性需求。在这样的情况下，如果企业经营者将步调定得太高，那么就很容易摔得很惨。

因此，在企业刚刚创立之后的营销过程中，应该摒弃浮躁而短视的营销手段，此阶段抓住产品功效才是企业根基稳定的重要因素，否则，即使产品的包装再精美、广告的宣传再喧闹，企业也难以度过创业期。

第41问　多元化之路该不该走

【案例】

某企业目前专门从事工业废弃物回收处理的业务，对工业生产过程中的弃置物品进行收集和综合利用。目前业务主要集中在下面两个方面：化工企业、其他工业企业的固体、液体废弃物收集和储存、处理，并能够对废弃物样品的化学性质进行分析；在工业废弃物的处理过程中，能够将企业所生产出来的副产品、废品、废料进行进一步的加工，形成化工原料等产品进行再次回收和利用。目前，这家企业的业务除了上述已经开展多年的回收工业废弃物之外，还在垃圾运输和压缩处理、再生利用资源技术等方面提供全方位服务。另外，通过企业对垃圾资源再生技术的实际研究，也为改善当地环境作出了一定贡献。

随着企业规模的扩大，企业领导者想要在以下几个方面继续发展企业的业务：

首先，打算抓好企业对客户的专业性服务，对所有有工业废弃物处理需求的企业作好客户服务，并力求达到专业级别，让客户满意；其次，实现多成分系统生产，通过设备处理，为大型的化工企业提供原料；最后，确定企业在区域的领衔策略，该企业领导者认为，企业化工原料生产相对集中，大多集中在某个产区之内，公司作为这个行业中最大的化工原料提供商，有着较大的产能。因此，他们想要加强对市场的控制能力，提高资产周期率，并对相对市场份额进行积极占有，打造企业品牌。

另外，该企业还在西北地区建立了一个循环经济产业园。通过这样的平台，利用企业的业务流程、资源处理的优势，从而将整个行业的废品原料进行集中。这样，整个工业生产行业中的客户就会更加依赖该企业。为此，该企业管理层还打算让企业的供货商进入循环经济产业园，从而直接参与到企业的配套生产中。

【解析】

多元化的经营、专业化的技术经营，都是企业的重要决策。无论企业面对未来做出怎样的决策，都应该从自身的行业特点、经营状况出发，而不应该盲目跟风。当前，不少企业的规模已经有了相当程度的发展，这些老板急于在短期内寻找新突破。而在企业的扩大规模、降低风险的思路引导下，大多数企业都希望能够进行多元化经营，从而降低、分散和化解经营风险。然而，并不是所有的企业都适合做多元化的经营。这是因为，企业本身具有的行业特征、技术特征，都会影响企业是否适用多元化经营模式。

1. 加强客户服务意识

在市场竞争中，产品的价格和性能很容易出现同质化，因此，企业如果想要更好地作好多元化发展，那么就应该突出服务意识，突出个性，从而获得更多客户的青睐。可以说，完善的客户服务制度是多元化竞争中所必不可少的。企业应该做好从客户的获取到维系过程中的一系列工作，从而不断对客户的满意度进行提高，对客户的期望予以实现。因此，当企业试图走向多元化发展时，应该提前解决客户服务的问题，并让企业的技术和产品来帮助客户解决问题，从而让客户更多地信任和依赖企业。这样，客户就能够为企业带来利润。

如果企业的运营不是向终端延伸，而是一直锁定前端，那么就能打造出企业的最大优势。

在企业的实际运营中，总是利益和风险共存的。因此，无论是在生产或服务方面，都应该慎重地选择多元化和专业化的方向，只有经过权衡之后做出的选择，才能让企业获得稳定的利润。

2. 和不同的供应商建立紧密关系

如今有越来越多的老板认识到，供应商的产品质量和价格对企业所进行的多元化投入有着较为直接的影响。这就要求企业能够和不同的供应商之间建立起长期、紧密、信赖的合作关系。

企业想要成功实现多元化，就应该和供应商进行多元化的合作。如供应商和客户之间的绑定合作，或者让供应商围绕企业来建立工厂、让供应商直接进入产业链等。总体来说，企业应该使用自己的软实力去推动和供应商之间的合作关系，并利用现有技术，去指导供应商企业经营发展相关产品，以期分享利润果实。

3. 将投资和经营分开

应该看到，多元化和专业化已经成为民营企业发展战略的两个选择，其中一部分企业在坚守其专业化的态度，深化自身产业的深度、纵度和精细化，而另一些企业则开始朝向多元化的趋势发展。在这两个方向上，企业都有成功的可能，也都有尝试的价值，并非只是多元化或者专业化就能决定企业的发展是否顺利。但是，从总体原则上来看，企业应该将投资和经营有效地分开。企业的投资可以多元化，但是经营应该保持专业化的发展。这是因为，当企业创立之后，发展的初期大多是专业化的，但经过一段时间之后，企业有所成熟，就可以多元化发展，但是多元化并非盲目扩张，是对自己熟悉的相关行业进行经营发展。

第42问 让产品更有价值的秘诀是什么

【案例】

伯特克雷兹创办了金宝利斯电影院,这家电影院不是那种一般的多幕电影院。作为改变当时市场的电影院,它拥有25个屏幕、7 600个座位席,堪称超级电影院,能够提供给观众非比寻常的体验。

当时,比利时的电影院产业在电视媒体和录像带租赁行业的冲击下,开始不断衰退,人均去电影院的次数从每年8次下降到2次,而到了20世纪80年代,许多电影院都宣告倒闭。在金宝利斯开业之前,许多电影院老板发现,自己是在日渐萎缩的市场上竞争着的。所有人采取的竞争手段都差不多:将电影院分割,变成许多小放映厅;为了增加观众,放宽放映限制;对饮料和食品的供应进行改进扩大;增加每天的电影放映轮数,等等。但是,当金宝利斯开始营业之后,很快就在第一年内赢得了整个市场50%的份额,并赚取了高额利润,它是怎样做到的呢?

首先,金宝利斯在硬件上和一般电影院有很大区别。传统的多屏幕电影院只有较小的空间,100个座位,7米长、5米宽的银幕以及35毫米的放映设备。但金宝利斯却拥有700个座位,这样座位之间就有很大空间,方便观众出入走动。另外,座椅也是特大而且拥有独立扶手的,地面则是斜坡状的。在金宝利斯,屏幕有29米长、10米高,并且是被安放在不同基座上,避免声波之间的相互干扰。其中,许多放映厅的放映设备是70毫米的,而且采用了现代化的音响。

其次,在选址上,金宝利斯向电影放映业的传统观念做出了强有力的挑战,它无视之前的电影院都选择位置接近市中心地段的商业区这一事实，转而将电影院建在离城市中心有15分钟路程的环城公路上，这使得观众们的停车条件得到了很大改善。不仅如此，这一概念打破了行业中原本的成本结构。要知道，金宝利斯没有增加票价，提供的服务却如此高端，是因为他们每个座位的成本比起一般的电影院要少一半多。最后，其成功的秘诀还在于其地处郊区的地理位置优势以及规模之大带来的采购优势，同时包括和电影发行公司的谈判资本以及数量带来的总利润。另外，金宝利斯赋予服务的价值，在比利时电影业市场产生了很好的口碑，让它几乎不需要付出什么宣传成本。

因此，在这个参与者普遍觉得市场份额缩小的行业中，金宝利斯反而获得了丰厚的利润。之所以能够获得这样的机会，在于该企业能够将产品的价值进行及时的补充和更新。他们正是在电影院经营和服务的每个关键点上都超过了自己的竞争对手，才得到了业绩的改善。

【解析】

相信很多人都有这样的感觉，同样是看起来差不多的产品，在地摊上出现，只能带给经营者十几元钱的利润，而当它们有了品牌价值，放到商场或者专卖店里面，就会带来成百上千元的利润。不得不承认，在产品供大于求的市场中，谁能够为产品附加更多的价值，谁就能取得更多的利润。而在产品和服务越来越接近的情况下，靠降价对客户产生的吸引力，显然没有靠提升价值带来的吸引力大。下面的方法，可以帮助老板有效地提高产品的价值。

1.通过环境和氛围来提升产品价值

很多人都清楚，同样是一杯咖啡，在原材料、口味和杯子大小都相同的情况下，在饮品店卖12元，店主利润是4元，而在星巴克卖38元，企业赚30元。星巴克之所以能赚到更多利润，是因为企业并不仅仅是在卖咖啡，而是在将一种咖啡文化卖给白领阶层。星巴克将环境和氛围放到了产品之上，从而提高了产品的价值。同时，星巴克也没有简单地利用价格

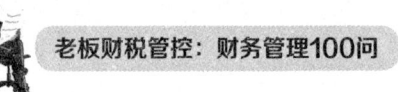

来竞争，而是力求创造更好的环境体验，这就意味着他们的收费会更高，而利润也更丰厚。

2. 对价值进行量化

同电影院一样，如果企业给予用户的产品价值无法量化，那么客户很难相信你。选择用数据来说话，能够更好地打动每个客户。企业应该从实际价值和心理价值两个方面来进行量化。例如，通过产品能够为客户增加收入或者减少支出，这就是实际价值。而心理价值则包括你能带给客户某种快乐感或幸福感，能够满足他们的心愿。

3. 用材料和工艺来提高产品价值

企业想要提高产品价值，还应该采取与众不同的材料和工艺。当这些材料和工艺具有了其他竞争者无法企及的特点之后，你的产品价值也就不言而喻了。需要注意的是，企业应该选择好特殊材料和工艺的"切入点"，通过这些切入点，可以将材料和工艺的特点同客户的需求密切连接并难以取代，这样，企业产品在对方心中的形象也就更加高大并富于价值了。

4. 善于打造稀缺性

很多产品之所以没有获得高价值，往往是因为类似产品越来越多。想要获得产品的稀有性，企业应该在两个方面做文章。一方面，应该善于发现新市场并进行积极推广，在新市场看来，旧市场已经厌倦的产品同样会受到欢迎。另一方面，老板还应该积极去发掘产品与众不同的地方，包括产品的功能和功效等。

5. 打造品牌价值

品牌并非仅仅是产品标牌那么简单的事物，它包括了对产品的认同态度和使用者的气质习惯，代表了使用者的情感需要，这就体现了产品的品牌价值。这种价值通过让用户进行不断的了解和认知，让产品获得了客户的支持和拥护，成了他们眼中物超所值的价值来源。

第43问　降低成本可以提高利润吗

【案例】

艾柯卡在担任福特公司总经理的时候，就大大降低了企业的成本。艾柯卡上任以后，首先做的事情就是召开了企业内部的高级管理人员会议，确立了降低成本的计划，这些计划包括4个5 000万元和不赔钱。

所谓的4个5 000万元，就是通过4个管理改革方法，来争取为企业的管理成本各自节约下5 000万元的管理费。其中包括减少生产的混乱、降低产品的设计成本、抓住机会和改革传统的经营方法四个方面。

例如，福特工厂在之前的生产过程中，一到每年准备转产的时期，就会多花两周时间来让机器和工人都停下来。这样就造成了工厂的人力和物力的浪费，并导致产品积压，造成很大损失。

据此，艾柯卡提出，如果能够利用电脑技术来进行周密的计划，那么这样的等待时间就能够从两周减少为一周。这个计划很快在他的领导下开始实施了。过了三年，福特公司能够做到仅仅利用一周的时间，就可以做好转产的准备。这样的速度在全世界的汽车行业中也是从未有过的，同时，这样的速度更为企业每年减少了数百万元的成本开支。

和这个目标一样，在三年后，艾柯卡就带领整个福特公司在上述四个方面节约了总共2亿美元。公司的利润由此增加了2亿美元，统计显示，在不多卖1辆汽车的情况下，艾柯卡让福特增加了40%的利润。

仅仅作到这些并不能让艾柯卡满意，他同时还开展了不赔钱计划。

一般的大企业中，都有不少业务会赚得比较少，甚至会赔钱。但艾柯卡并不认为这样的情况就必须在福特存在下去，他提出，给每个部门经理三年时间，如果他所管理的部门还是做不到赚钱，那么公司就要将这个部门卖出去。

结果，艾柯卡陆续卖出去了20多个部门，其中还有一分钱没有赚过的工厂。通过这样的办法，福特公司的负担大为减轻，原材料、劳动力和机器设备都得到相应减少，企业的相对利润也迅速上升。

【解析】

当然，降低成本的方法还有很多，企业应根据自身面临的问题对症下药。例如，如果发现自己生产零件比外购更贵，那么就选择外购；而进口更贵，则自己生产。还可以将不同的成本和同行的成本进行比较，而不是自己凭空设定成本标准。这样的管理方式会有效降低企业成本，使得企业逐渐超越竞争对手，获取更多利润。

1. 提升自身竞争力，节约成本

企业提高竞争力并有效改善经营效益，能够做到节约成本开支，从而在一定程度上降低产品的售价。这是老板在进行企业成本管控时必须要了解的原理。通过这些举措，企业才能有效增加利润，同时提高企业竞争能力。

2. 通过技术革新，降低成本

还有一些企业通过技术革新，能够做到降低成本，而让自己的产品远比其他同类产品售价更低，这样竞争力就得以大大加强。又如，另一些企业利用直销、降低库存和加快资金周转的经营方式，让产品的成本和管理成本都得到了大幅度降低，为企业和消费者带来了更多的利益，也使得产品在价格上获得了竞争优势。

第44问　怎样才能实现企业发展"三级跳"

【案例】

一家位于西部地区的液化气经营企业，有着较大的生产规模和销售能力，能够将铁路、公路运输、储存和销售服务结合为一体。该企业有着数十万用户，能够实现每年十万吨左右的销售量，在相关供应市场占据了重要的地位。

但在2019年之前，这家公司长期处于负资产的状况中，直到2019年之后，新的总经理接任了这家企业的领导者职位，才逐步转向盈利。他是如何做到的呢？

实际上，他对公司的经营战略做出了富有远见的调整与布局。

首先，采取低成本的扩张策略。在这家企业的原有经营管理流程中，当炼油厂生产出气体之后，通过铁路运输直接抵达企业。这时企业如果能以低于竞争对手的成本价格来作为液化气产品的售价，那么就可以迅速提高企业的竞争力。

很快，在采取了低成本策略之后，这家企业占领了当地市场中的一部分份额。然而，直到此时，该企业总经理才发现，企业实际获取的净利润并不高，原因在于产品价格太低。而如果不能采取这样的低成本，那么企业的市场份额显然不可能得到提升，因此，他决定进一步和竞争对手合作。

其次，本着合作共赢的原则，这家企业和某家大型石油公司达成了合作协议，成立了合资公司。通过这样的合作，双方各自发挥优势，相互支持，由该企业利用大公司的优势，获得较低的成本价格，并从中获利，同时还能分享该公司在其他领域获得的经营利润。企业则将自身在市城区的主导地位和销售网络与对方共享，帮助对方在终端领域获得经营部的扩张。

通过这样的合作，最终达成了显著的效果，该企业在本地区同行业获得了相当的领导地位，并重新打造了当地液化气的终端销售体系，而公司的进货渠道也获得保证。

【解析】

企业想要获得"三级跳"，应该从上述案例中吸取一定的教训和经验，从而实现完美的利润获取。

1. 防止陷入单纯的低成本扩张

案例中的公司在最初的竞争中，战略的选择思路很清晰——低成本竞争。而采用此种竞争策略的好处在于，市场的占有率能够得到大幅度提高。因为当顾客对于价格较为敏感的时候，能够获得更低的价格，就能够支撑企业得到更高占有率，获得更大销售量。但问题在于，仅仅采用这样的方法，企业难以通过提高的销量来获得单位利润的补偿，企业整体实现的总利润不高，没有能力支撑"三级跳"的完成。

2. 靠服务质量推动

想要开始"三级跳"，企业应该在具有成本优势的基础上，提升服务质量。当企业能够在某一细分市场部分中找到优势并进行发挥时，就应该突出自身的特色来进行经营，发现客户的特殊需求，并能够提供与众不同的服务来促进企业的生产，靠与众不同的服务质量去推动自身的发展，并在市场中获取一席之地。当然，如果企业能够获得较低的采购成本，那么其能提供的服务质量就会更强，能够更好地促进企业在市场中获得竞争力。

3. 靠企业产品质量推动

当企业发展到一定规模之后，仅仅依靠服务质量已经无法完全满足企业的发展需求，还应该依靠企业产品质量的提高。

产品质量，并非只是指产品在性能上的不同，还包括企业对产品的营销能力以及产品的品牌能力。这些综合要求，最终需要企业能够作到让产品和竞争对手的产品有所区分，从而找到产品的立足点来加以支撑。同时，这也意味着产品质量体现了企业控制资源的能力，因此，企业也应该试着去和能够影响产品质量的商业伙伴进行合作。

4.通过和竞争者的合作，占据行业的经营主导权

对于众多中小企业来说，想要获得更好的生存、更快的发展，其重要途径之一，在于和大型企业建立专业化的分工，并形成密切的合作关系，从而进入其大规模的生产体系。这样企业原有的那种散乱、零碎和缓慢的发展模式就会得到升级，依托大企业带来的规模经济，获得上下游不同环节的连锁优势，争取到经营的主动权。

第45问　如何让利润滚雪球式增长

【案例】

一家电力设备制造企业的主要产品是变压器。迄今为止，该企业已经经营了十余年，成为该行业中有一定影响力的企业。该企业目前成为国家电力企业定点生产变压器的指定企业，也是受到国家认可的高新技术产业。目前，整个公司的资产将近1亿元，占地面积数万平方米，有现代化厂房和高素质的员工队伍。近年来，随着国家经济发展，该企业也迎来了新的机遇与挑战。然而，作为一家生产型企业，该企业产品的定价受到了原材料价格的变化和市场因素的影响。而其中原材料价格的变化，对于产品的定价影响更加重要。由于该企业行业的本身特点，从订单到交货的周期较长，一般都在半年到一年的时间。在这样长的运转周期中，利润很容

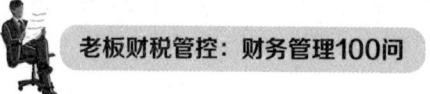

易被原材料短缺带来的提价所影响。这样企业的利润增速就会在无形中被影响。同时，在企业经营中，影响利润倍增的还有市场上的销售竞争。行业中一些原本生产中低档次产品的企业在利润竞争中已经落后，而该企业决定走高端产品路线来获取利润倍增动力的决心也因此而树立。

【解析】

为了能在竞争中保持充分的优势、获得长期的利润增长能力，企业不仅要注意质量的监管，还要对品牌形象进行积极保持，从而让利润获得倍增。

1. 用差异化的功能打造产品质量

许多企业都希望自己的产品能够做到最好，但实际上，不可能有完美无缺不被取代和受到挑战的产品，因此，对企业意义更大的是能够在产品特色上做文章。这意味着，企业的产品应该和其他竞争对手的产品保持应有的差异，而如果是那些难以拉开差距的产品，那么就不能仅仅比拼质量和技术。而是应该在功能设计上进行更为细致的设计，找准切入点，即使只是和竞争对手有些许的改变，也能够让顾客从同一种类型的产品中找到不同，并收获迅速被发现和认可的效果，促进顾客对品牌更为清晰的认识，激发他们的购买欲。对于企业经营者而言，能够使用良好的差异化策略，就应该让产品或者服务在其功能或者服务上的某个差异点和对手有所区别，并得到体现和衡量。这样，在客户作比较和交易的过程中，产品的差异化优势就能够清晰展示，交易就能很快达成。

2. 对产品进行现实定位

不少企业在进行利润倍增时受阻之后，依然对自身产品的定位没有真正清楚的认识，即其产品并没有真正经过严格、系统的定位，甚至连企业自身的领导层在策划过程中也都难以说清楚。这样就更不能指望市场对企业产品给出应有的定位，并打造良好的销售业绩了。因此，对于企业而言，必须将消费者的需求看作产品定位的基础，通过对客户需求的了解和认知，针对其特点，提出和竞争者不相同的产品定位，从而激发客户的购买欲。为了能够明确产品在顾客心中的位置，即具体在怎样的细分市场上进行强有力的竞争，企业管理者必须在产品的分类和定价方面对自身进行定位。

3. 用品牌拉升利润倍增

对于企业经营者来说，或许品牌的意义更多的在于让顾客能找到选择产品的符号，但对于顾客来说，品牌的意义则有可能直接帮助他们作出选择。企业经营的决策，应该有助于让顾客选择产品、提高利润。为此，需要打造一流的产品品牌，让企业得到更多的市场认可和销售机会。即使是在传统经营中那些看起来和品牌价值关系不大的制造业、生产业，也应该改变传统思想，进行主动宣传。

第46问　市场份额大就能获得高利润吗

【案例】

美国制罐公司曾经打败了众多对手，拥有了美国金属器皿80%的市场份额，然后它希望借助其基本垄断的市场份额来控制行业价格。可是当它将价格上涨25%的时候，就迅速丢掉了30%的市场份额，它认为自己的控制力度不够，于是继续不断收购竞争对手，可是每次价格都很快回到没有提价时的薄利水平，而不断的收购也导致其债务堆积如山。

【解析】

老板必须意识到，"单纯依靠巨大市场份额就能够获得高额利润"的理念已经过时。这种理念让许多管理者和执行者认为，只要降低价格，就能获得市场份额，并进一步排斥对手。而当对手被赶走之后，由于对市场的控制，就能让企业获得更大利润。

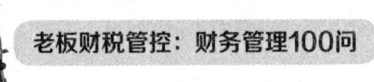

这种观点是失之偏颇和不够理智的。

1. 市场份额即使增大也不一定会带来利润

市场份额是以产品为中心的，这种思维让人们将市场份额和利润挂钩。但是自从 20 世纪 80 年代开始，随着竞争激烈，企业扩张逐渐陷入困境。许多大公司发现，产品虽然在市场上销量大增，但由于受成本、价格的影响，反而导致其利润方面损失巨大。这是因为随着营销和采购思维的变化，以产品为中心已经被以客户需求为中心所替代。

2. 成功的公司并不总是增加市场份额

当和产品相关的市场正在不断发展之时，那些成功的公司并不总是会增加市场份额，还有不少公司希望减少市场份额。这种观点看起来似乎并不符合规律，甚至有悖于经营企业的原则。但是，正因为采取了这一观点，那些公司才放慢了扩张的脚步，恰到好处地控制了成本，避免了市场过热的"泡沫"，为未来的竞争做好了万全准备。

3. 影响市场份额和利润之间的关系并非只是价格

传统观念之所以拘泥于市场份额和利润之间的正比关系，是因为更多的市场份额看起来和更低的价格有关。但实际上，许多产品的市场之所以难以打开，并非因为其价格太高，而是其本身的质量不过关。如果是质量引起市场份额的变化，那么，最终利润高低就难以用简单的市场份额与利润的关系来表达了。

总之，老板应该将市场份额看作自己追求的结果，而不是原因和手段。如果企业真的已经为市场提供了良好的产品和服务，并满足了客户的真实需求，那么，企业就会顺理成章地通过正确的营销方式和途径获得较大的市场份额，最后获得丰厚的利润。

第47问 市场占有率过时了吗

【案例】

1955年，洛杉矶迪士尼乐园正式开园，这标志着迪士尼的商业模式正式走上了一条从电影—电视电台—衍生产品—乐园的完整产业链。

发展到今天的迪士尼公司的事业部涵盖广泛，分别包括影视娱乐、媒体网络、主题乐园和互联网媒体等。立足于这条产业链，迪士尼利用娱乐循环的概念，打造出独有的赢利模式来获得市场份额的提升。

这种赢利模式被称作轮次收入模式，又被称作利润乘数模式。

在这种模式下，迪士尼以其动画产品作为生产的源头产品，然后利用影视娱乐、主题乐园以及消费产品等不同的产业环节，演变成一条完整的利润生产链。在这样的生产链不断循环的过程中，公司利润得到了增长，客户需求得到了满足，而市场份额也自然获得扩大。

第一轮，迪士尼不断推出一部部动画大片，这些大片制作精美、包装得体，并开展了广泛而深入的市场营销。其中，每一部电影都得到了大力的宣传，并通过在全球各地放映而获得了丰厚的市场份额。随之而来的，是对电影拷贝的销售利润和录像带、版权的发行利润。

第二轮，迪士尼结合每次上映的电影，在主题乐园中增加新的角色，举办相应的活动，吸引顾客前来消费。这样一来，顾客想要在现实世界中获得电影体验的愿望得到了满足，而利润也随之产生。

第三轮，迪士尼通过将相关形象、故事、音乐和品牌等授权给全球相关的生产商、零售商和服务商，获取新的利润。

观察迪士尼的经营模式，其产业链的运作离不开对市场份额的重视，但却没有完全围绕市场份额。在进行产业链延伸的过程中，他们并没有表现出要将儿童和未成年人的消费市场份额全部吃下来的野心，相反，迪士尼坚持着他们自己的准则——所有产品都要和源头起点，即影视作品有着紧密联系。这也意味着迪士尼更加看重的还是客户需要，客户需要的感觉是从影视作品中延伸出来的，而并非铺天盖地的迪士尼形象。

正因为如此，迪士尼公司并没有将自己的动画产品看作开拓市场份额的工具，而是将之当成资源去开拓客户需求和利润。例如，迪士尼并不是简单地靠衍生品去占领市场，而是进行事先的规划和设计，在设计电影故事的同时，就对衍生产品的销售进行设计。而在电影还没有开始上映的流行期，相关消费品就已经开始投放进入市场了，这样做的结果就是，迪士尼提前占领了市场份额，并获得了更高的利润。

【解析】

重视市场份额的思维并没有过时，相反，只有正确地认识到市场份额的重要作用，才能在企业发展的过程中采取正确方法去发现并采取相应措施。

1. 保护好现有市场份额

目前处于市场中领先地位的公司，如果想保持第一位的优势，那么既要找到扩大总利润的方法，也要通过积极主动的方法来保护现有市场份额。这是因为市场份额的高低虽然并非完全的中心，但却在一定程度上影响着企业在市场中的地位，更会影响其获得的利润。因此，企业领导者应该做到不断创新，从而拒绝对现状的满足，成为产品创意、顾客服务和降低成本等方面的先行者。

2. 市场份额的竞争源于对客户份额的竞争

客户份额的竞争，意味着一家企业的产品或服务在某个客户所有相关消费中所占的比重。老板应该了解客户在市场中的价值，但是，真正对于企业有价值的客户并不多，能够让企业赢利的客户很少，而具备长期战略价值的客户则更少。许多企业盲目追求市场份额，却忘记了应该追求自己在大客户业务中所占有的比率。之所以如此，是因为企业缺少对优质客户所进行的一对一的营销战略。

为了改变这样的情况，老板要在现有的潜力客户中，通过专注于大客户营销，去满足客户需求，提高客户满意度，大力提高自身的产品和服务在客户心中的比重，并建立长期合作的关系。可想而知，随着企业角色的变化，客户忠诚度会提高，而客户自身的价值会得到彰显，大客户更是会不自觉地提高购买份额。当此类客户群体不断扩大，企业就能够提高客户准入的门槛，从而加大对市场份额占据的力度。

3. 高市场份额应该建立在高绩效基础上

迪士尼成功的案例表明，许多优秀的企业虽然没有将追求高市场份额放在目标中，但是它们的确拥有了良好的市场份额。除了个别企业之外，这样的企业并非利用低价方式来获取市场份额，而是超于他人的绩效。具体来说，这些市场冠军对市场份额的占据之所以是实至名归的，是因为它们在市场创新、产品质量和品牌声誉等方面都做到了无懈可击。因此，这些企业尽管可以制定出较高的价格，但它们还是能够在这样的价格中收获比一般竞争者更多的利润。即使在面对较大价格压力的情况下，这些企业的定价和其他竞争对手相比仍然会高出不少。之所以如此，是因为这些企业所拥有的是能够带来丰厚利润的优质份额，因此，它们不仅是市场中份额的领先者，还是能够拥有最高定价能力的领先者。由此可见，对市场份额多少的追求，并不是企业最应该关心的，它们应该关心的是市场份额的优劣。

总之，优秀的企业赢得市场份额的条件，在于其高人一头的绩效，而不是压缩利润。这说明，只有优质的市场份额才能带来水到渠成的效果；反之，如果盲目追求市场份额的数量，那么就会导致市场份额的劣化。因此，企业对于市场份额的渴望，必须是建立在追求绩效的基础上，一旦绩效的根基牢固，利润目标的实现也就变得相对容易。

第5章

税务管理：
实现税后利润最大化

作为企业老板，你当然没必要亲自去做财务报表，但掌握必要的财税知识，是为了充分了解企业的财务状况，分清什么是节税，什么是漏税，从而为管理决策服务。没有合适的内控制度，产品利润再高也会无故流失。所以，老板掌握一定的财税知识，并不是为了做账、懂税务，是为了以此作出正确的决策，实现把公司规模发展壮大的目标。

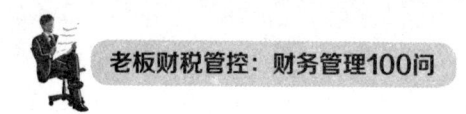

第48问　企业税务风险管理的基本方法有什么

【案例】

某县城某一家纳税人工业企业，于2019年12月外购一批小商品，该企业在该批小商品上印制本单位名称及产品商标后，对外赠送给有关业务单位。购进该批商品增值税专用发票上注明价款100 000元，增值税进项税额13 000元。该商品无同类产品销售价格，成本利润率为10%。会计分录如下。

借：销售费用　　　　　　　　　　　　　100 000元

　　贷：库存商品　　　　　　　　　　　100 000元

该企业2019年营业收入为3 000 000元，发生广告和业务宣传费435 000元，已按税前会计利润总额350 000元申报缴纳企业所得税。未申报纳税调整。

【解析】

本例涉及视同销售、广告和业务宣传费超标两个问题。根据国家相关法律条款规定，纳税人将自产、委托加工或购买的货物无偿赠送他人，应视同销售货物，按规定缴纳增值税、城市维护建设税和教育费附加。赠送产品属业务宣传费支出，应与广告费合并，在营业收入的15%内限额扣除。

企业的税务风险，是指纳税人因未能正确、有效遵守税法而导致企业未来利益的可能损失，包括因没有遵守税法可能遭受的法律制裁、财务损失或声誉损害，具体体现为补税、加收滞纳金、税收行政处罚、税收刑事处罚、信用和商誉下降等。企业税务风险管理的基本方法有：

（1）强调服务，注重改进服务方式和方法，提高服务质量和水平，建立和谐税收征纳关系。

（2）管理环节前移，变事后管理为事前管理和事中监督，提前发现和防范税务风险。

（3）提高企业自我遵从度，正确引导企业利用自身力量实现自我管理，只有着力于企业自我遵从，才能从根本上解决大企业税务管理对象复杂与管理资源短缺这一突出矛盾。

（4）实行个性化管理，针对企业面临的不同税务风险制定差异化管理措施和方法。

（5）将控制重大税务风险摆在首位，着重关注企业重大经营决策、重要经营活动和重点业务流程中的制度性和决策性风险，有针对性地关注账务处理和会计核算等操作层面的风险。

（6）加强对子公司的税务风险管理。

①提高税务风险防范意识，从被动管理向主动管理转变。

②建立税务风险管理体系，从事后管理向事前管理转变。

③提升税务风险管理层面，从防风险为主向创效益为主转变。

④建立税务信息管理系统，为税务风险管理提供信息基础和技术保障。

（7）负责税务的人员应及时整理最新税收政策，深入研究，找出其对企业的影响，并进行相应的会计处理。

（8）从业务处理流程入手，从根本上控制税务风险。

（9）决策时应十分谨慎，并进行必要的税务知识咨询。

第49问　常见的增值税优惠政策有哪些

【案例】

某批发公司，年应缴纳增值税销售额150万元，会计核算制度也比较健全，符合作为一般纳税人的条件，适用13%的增值税率，但该企业准予从销项税额中抵扣的进项税额较少，只占销项税额的10%。在这种情况下，企业应纳增值税额为17.55万元（150×13% －150×13% ×10%）。

如果将该企业分设两个批发企业，各自作为独立核算单位，那么，一分为二后的两个单位年应税销售额分别为80万元和70万元，符合小规模纳税人的条件，可适用3%的征收率。在这种情况下，只要分别缴纳增值税2.4万元（80×3%）和2.1万元（70×3%）。显然，划小核算单位后，作为小规模纳税人，可较一般纳税人减轻税负13.05万元。

【解析】

国家往往会制定一些纳税优惠政策。目前，我国的资源综合利用增值税优惠政策主要包括直接免税、税务部门即征即退和财政部门先征后退等方式。许多企业并非开始就具备享受纳税优惠政策的条件，这就需要企业为自身创造条件来达到利用优惠政策纳税筹划。

直接免税是指对某些货物或劳务直接免征增值税。税务部门即征即退是指由税务部门先足额征收增值税，再将已征的全部或部分增值税税款由税务部门定期退还给纳税人。财政部门先征后退是指由税务部门先足额征收增值税，再由财政部门将已征税款全部或部分退还给纳税人。纳税人可以开具增值税专用发票，并照常计算销项税额、进项税额和应纳税额。具体筹划方式有下面两种。

1. 最好主营免税项目，不能主营也要兼营，充分享受免税优惠政策。尽量与政策优惠项目靠拢，比如软件产品，对增值税一般纳税人销售其自行开发生产的软件产品，按13%的法定税率征收增值税后，对其增值税实际税负超过3%的部分实行即征即退政策。又如利用工业生产过程中产生的余热、余压生的电力或热力（发电或热原料100%利用所述资源），实行增值税即征即退100%的政策。如果经营涉农产品，国家还有很多支农优惠政策。

2. 安置残疾人。安置残疾人就业的单位（包括福利企业、盲人按摩机构、工疗机构和其他单位），同时符合以下条件并经过有关部门依法认定为福利企业后，均可申请享受财税规定的税收优惠政策：①依法与安置的每位残疾人签订了一年以上（含一年）的劳动合同或服务协议，并且安置的每位残疾人在单位实际上岗工作；②月平均实际安置的残疾人人数占单位在职职工总数的比例应高于25%（含25%），并且实际安置的残疾人人数多于10人（含10人）。对安置残疾人的单位，实行由税务机关按单位实际安置残疾人的人数，限额即征即退的办法。实际安置的每位残疾人每年可退还的增值税的具体限额，由县级以上税务机关根据单位所在区县适用的，经省级人民政府批准的最低工资标准的6倍确定，但最高不得超过每人每年3.5万元。

该项税收优惠政策适用于生产销售货物或提供加工、修理修配劳务取得的收入占增值税业务收入达到50%的单位。安置残疾人单位既要符合残疾人就业增值税优惠政策条件，又要符合其他增值税优惠政策条件的，可选择享受最多增值税优惠政策，但年度申请退还增值税总额不得超过本年度内应缴纳增值税总额。

第50问　消费税是怎么核算的

【案例】

2019年10月15日，某化妆品加工公司受某化妆品销售公司的委托，加工一批高档化妆品，共收取加工费16万元（不含增值税）。已知销售公司提供了价值88.5万元的原材料，且该加工公司没有同类产品销售价格，适用消费税税率15%。计算加工公司应代收代缴的消费税。

组成计税价格 =139.33（万元）

消费税应纳税额 =139.33×15% =20.90（万元）

【解析】

消费税是以消费品的流转额作为课税对象的各种税收的统称，是政府向消费品征收的税项，可面向批发商或零售商征收。消费税是典型的间接税。消费税实行价内税，只在应税消费品的生产、委托加工和进口环节缴纳，在以后的批发、零售等环节，因为价款中已包含消费税，因此不用再缴纳消费税，税款最终由消费者承担。

我国税法规定，纳税人通过自设非独立核算门市部销售的自产应税消费品，应当按照门市部对外销售额或者销售数量计算征收消费税。税法对独立核算的门市部则没有限制。我们知道，消费税的纳税行为发生在生产领域（包括生产、委托加工和进口），而非流通领域或终极消费环节（金银首饰除外）。

消费税的计算公式是实行从价定率办法征收税额，即应纳税额 = 销售额 × 税率。销售额为纳税人销售应税消费品向购买方收取的全部价款和价外费用，不包括向购买方收取的增值税款。价外费用是指价外向购买方收取的手续费、补贴、基金、集资费、返还利润、奖励费、违约金、滞纳金、延期付款利息、赔偿金、代收款项、代垫款项、包装费、包装物租金、储备费、优质费、运输装卸费、代收款项及其他各种性质的价外收费。但下列项目不包括在内：

第一，同时符合以下条件的代垫运费：（1）承运部门的运输费用发票开具给购买方的；（2）纳税人将该项发票转交给购买方的。

第二，同时符合以下条件代为收取的政府性基金或者行政事业性收费：（1）由国务院或者财政部批准设立的政府性基金，由国务院或者省级人民政府及财政、价格主管部门批准设立的行政事业性收费；（2）收取时开具省级以上财政部门印制的财政票据；（3）所有款项上缴财政。

其他价外费用，无论是否属于纳税人的收入，均应并入销售额计算征税。

第51问　企业所得税有哪些减免措施

【案例】

2019年9月，丁公司实现净利润共23.76万元，已知该企业被认定为技术先进型服务企业，所以企业所得税适用20%的税率。同时，企业在经营过程中还发生了一些研究开发费用，共计13.44万元，做账时只据实扣除了全部费用，但按照相关规定，可按研发费用的50%加计扣除。

应缴纳的企业所得税如下。

应纳税额 =（23.76-13.44×50%）×20% =3.41（万元）

【解析】

企业所得税是对我国内资企业和经营单位的生产经营所得和其他所得征收的一种税。纳税人范围比公司所得税大。现行《中华人民共和国企业所得税法》规定:"在中华人民共和国境内,企业和其他取得收入的组织(以下统称企业)为企业所得税的纳税人,依照本法的规定缴纳企业所得税。"

企业所得税减免是指国家运用税收经济杠杆,为鼓励和扶持企业或某些特殊行业的发展而采取的一项灵活调节措施。企业所得税条例原则规定了两项减免税优惠:一是民族区域自治地方的企业需要照顾和鼓励的,经省级人民政府批准,可以实行定期减税或免税;二是法律、行政法规和国务院有关规定给予减税免税的企业,依照规定执行。对税制改革以前的所得税优惠政策中,属于政策性强,影响面大,有利于经济发展和维护社会安定的,经国务院同意,可以继续执行。

税收优惠政策是税收政策的重要组成部分,是对某些特定的课税对象、纳税人或地区给予的税收鼓励和照顾措施,国家制定优惠政策就是鼓励企业加以利用。一般情况下,税收优惠政策有减税、免税、出口退税和先征后退等,企业经营者通过合理筹划可以最大限度地利用税收优惠政策纳税筹划。

企业取得的国债利息收入为免税收入。国债利息收入,是指企业持有国务院财政部门发行的国债取得的利息收入。符合条件的居民企业之间的股息、红利等权益性投资收益,是指居民企业直接投资于其他居民企业取得的投资收益。但不包括连续持有居民企业公开发行并上市流通的股票不足12个月取得的投资收益。

企业同时从事适用不同企业所得税待遇的项目的,其优惠项目应当单独计算所得,并合理分摊企业的期间费用;没有单独计算的,不得享受企业所得税优惠政策。企业所得税过渡优惠政策与企业所得税法及其实施条例中规定的定期减免税和减低税率类的税收优惠政策,不得叠加享受,且一经选择,不得改变。企业所得税法及其实施条例中规定的各项税收优惠政策,凡企业符合规定条件的,可以同时享受。

符合条件的小型微利企业，减按20%的税率征收企业所得税。小型微利企业，是指从事国家非限制和禁止行业，并符合下列条件的企业：工业企业，年度应纳税所得额不超过30万元，从业人数不超过100人，资产总额不超过3 000万元；其他企业，年度应纳税所得额不超过30万元，从业人数不超过80人，资产总额不超过1 000万元。小型微利企业，是指企业的全部生产经营活动产生的所得均负有我国企业所得税纳税义务的企业。仅就来源于我国所得负有我国纳税义务的非居民企业，不适上述规定。自2012年1月1日至2015年12月31日，对年应纳税所得额低于6万元（含6万元）的小型微利企业，其所得减按50%计入应纳税所得额，按20%的税率缴纳企业所得税。符合条件的小型微利企业在当年预缴申报企业所得税时，须向主管税务机关提供上一纳税年度符合小型微利企业条件的相关证明材料。

第52问　新个人所得税法有哪些修改

【案例】

2019年9月，某企业人事部提交的全体员工应发工资数据中，李俊的应发工资数额为7 528元。已知李俊个人须缴纳的基本养老保险、基本医疗保险、失业保险和住房公积金等共计1 129元，同时，李俊向公司申请了住房租金专项附加扣除共700元。根据工资薪金所得税税率表，计算李俊9月份应缴纳的个人所得税。

应纳税所得额 =7 528-5 000-1 129-700=699（元）

应纳税额 =699×3% =20.97（元）

【解析】

个人所得税是以个人取得的各项应税所得为对象征收的一种税，是调

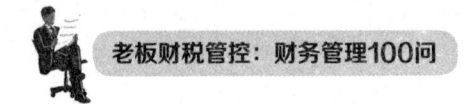

整征税机关与自然人之间在个人所得税的征纳与管理过程中所发生的社会关系的法律规范的总称。个人所得税的纳税义务人，既包括居民纳税义务人，也包括非居民纳税义务人。居民纳税义务人负有完全纳税的义务，必须就其来源于中国境内、境外的全部所得缴纳个人所得税；而非居民纳税义务人仅就其来源于中国境内的所得缴纳个人所得税。

2018年6月19日，个人所得税法修正案草案提请十三届全国人大常委会第三次会议审议，这是个税法自1980年出台以来第七次大修改。全国人大常委会关于修改个人所得税法的决定草案2018年8月27日提请十三届全国人大常委会第五次会议审议。依据决定草案，基本减除费用标准拟确定为每年6万元，即每月5 000元，3%到45%的新税率级距不变。

2018年8月31日，关于修改个人所得税法的决定经十三届全国人大常委会第五次会议表决通过。

起征点确定为每月5 000元。新个税法规定：居民个人的综合所得，以每一纳税年度的收入额减除费用6万元以及专项扣除、专项附加扣除和依法确定的其他扣除后的余额为应纳税所得额。

减税向中低收入倾斜。新个税法规定，历经此次修改法，个税的部分税率级距进一步优化调整，扩大3%、10%和20%，三档低税率的级距，缩小25%税率的级距，30%、35%和45%三档较高税率级距不变。

多项支出可抵税。今后计算个税，在扣除基本减除费用标准和"三险一金"等专项费用扣除外，还增加了专项附加扣除项目。新个税法规定：专项附加扣除，对于居民个人，增加赡养老人支出、子女教育支出、继续教育支出、大病医疗支出、住房贷款利息和住房租金等专项附加扣除，作为计算综合所得应纳税所得额时的扣减项目。其中赡养老人支出为8月31日人大常委会第五次会议审议中新增加的内容。五项专项附加扣除的具体范围、标准和实施步骤，将由国务院确定后报全国人民代表大会常务委员会备案。

新个税法于2019年1月1日起施行，2018年10月1日起施行最新起征点和税率。新个税法规定，自 2018 年 10 月 1 日至 2018 年 12 月 31 日，纳税人的工资、薪金所得，先行以每月收入额减除费用 5 000 元以及专项扣除和依法确定的其他扣除后的余额为应纳税所得额，依照个人所得税税率表（综合所得适用）按月换算后计算缴纳税款，并不再扣除附加减除费用。

第 53 问　印花税的筹划技巧有哪些

【案例】

乙公司于 2019 年 10 月与外单位签订了几份商品买卖合同，总价款合计 102.38 万元，适用印花税税率为 0.3‰。则乙公司当月应缴纳多少印花税？

应缴纳印花税 = 1 023 800 × 0.3‰ = 307.14（元）

【解析】

印花税的纳税人是指在我国境内书立、领受税法列举凭证的单位和个人。印花税的税率分为比例税率和定额税率。印花税的税收优惠主要是减免税。

印花税是以经济活动中签立的各种合同、产权转移书据、营业账簿和权利许可证照等应税凭证文件为对象所征的税。印花税由纳税人按规定应税的比例和定额自行购买并粘贴印花税票，即完成纳税义务。证券交易印花税，是印花税的一部分，根据书立证券交易合同的金额对卖方计征，税率为 1‰。经国务院批准，财政部决定从 2008 年 9 月 19 日起，对证券交易印花税政策进行调整，由现行双边征收改为单边征收，即只对卖出方（或继承、赠与 A 股、B 股股权的出让方）征收证券（股票）交易印花税，对买入方（受让方）不再征税，税率仍保持 1‰。

印花税的纳税筹划技巧有：

1. 压缩金额筹划法

印花税的计税依据是合同上所载的金额，因为出于共同利益，双方或多方当事人可以经过合理筹划，使各项费用及原材料等的金额通过非违法的途径从合同所载金额中得以减除，从而压缩合同的表面金额，达到少缴税款的目的。

压缩金额筹划法在印花税的筹划中可以广泛应用，比如在互相以物易物的交易合同中，双方当事人互相尽量提供优惠价格，使得合同金额下降到合理的程度。当然这要注意一下限度，以免被税务机关调整价格，最终税负更重，以致得不偿失。

如企业甲和企业乙欲签订一加工承揽合同，数额较大。由于加工承揽合同的计税依据是加工或承揽收入，而且这里的加工或承揽收入额是指合同中规定的受托方的加工费收入和提供的辅助材料金额之和。因此，如果双方当事人能签订一份购销合同，由于购销合同适用的税率为0.3‰，比加工承揽合同适用的税率0.5‰要低。只要双方将部分或全部辅助材料先行转移所有权，加工承揽合同和购销合同要缴纳的印花税之和就会下降。接下来便是双方签订加工承揽合同，其合同金额仅包括加工承揽收入，而不包括辅助材料金额。

2. 模糊金额筹划法

在现实经济生活中，各种经济合同的当事人在签订合同时，有时会遇到计税金额无法最终确定的情况发生。而我国印花税的计税依据大多数是根据合同所记载的金额和具体适用的税率确定，计税依据无法最终确定时，纳税人的应纳印花税税额也就无法确定。

模糊金额筹划法具体来说，是指经济当事人在签订数额较大的合同时，有意地使合同上所载金额，在能够明确的条件下不最终确定，以达到少缴纳印花税税款的目的的一种行为。

税法规定，有些合同在签订时无法确定计税金额，如技术转让合同中的转让收入，是按销售收入的一定比例收取或按其现利润多少进行分成的；财产租赁合同，只是规定了月（天）租金标准却无租赁期限的。对这类合同，可在签订时先按定额 5 元贴印花，以后结算时再按照实际的金额计税补贴印花。这便给纳税人进行纳税筹划创造了条件。

第54问　如何做契税的纳税筹划

【案例】

某公司为了扩大生产规模，决定购买一栋房产作为厂房。2019 年 10 月，该公司支付 83 万元购得某地的一栋闲置厂房，双方签订房屋权属转移协议。已知该厂房所在地适用的契税税率为 4%，则该公司因购买该房产需要缴纳多少契税呢？（暂不考虑印花税和房产税）

应交契税 =83×4% =3.32（万元）

【解析】

契税是以境内转移土地、房屋权属的行为为征税对象，依据土地使用权、房屋的价格，向承受的单位和个人征收的一种税。应缴税范围包括：土地使用权出售、赠与和交换；房屋买卖；房屋赠与和房屋交换等。根据《国家税务总局关于征收机关直接征收契税的通知》（国税发〔2004〕137 号）文件规定，契税由税务机关直接征收，并普遍适用于有应税行为的单位和个人。

契税的计税依据：土地使用权赠与、房屋赠与，由征收机关参照土地使用权出售、房屋买卖的市场价格核定。因此，赠与房产的领受人是需要全额缴纳契税的。

契税是一种重要的地方税种，在土地、房屋交易的发生地，不管何人，只要所有权属转移，都要依法纳税。目前，契税已成为地方财政收入的固定来源，在全国，地方契税收入呈迅速上升态势。各类土地、房屋权属转移的方式各不相同，契税定价方法也各有差异。

契税的纳税筹划方式有：

1. 等价交换

《契税暂行条例细则》第十条规定：土地使用权交换、房屋交换，交换价格不相等的，由多付货币、实物、无形资产或者其他经济利益的一方缴纳税款。交换价格相等的，免征契税。土地使用权与房屋所有权之间相互交换，按照前款征税。从这些规定可以看出，当双方当事人进行等价交换时，任何一方都不用缴纳契税，因为价差为零，纳税人可以借此政策进行筹划。

当纳税人交换土地使用权或房屋所有权时，如果能想出办法保持双方的价格差额较小甚至没有，那么这时以价格为计税依据计算出来的应纳契税就会较小甚至没有，所以这种筹划的核心便是尽量缩小两者的价差。

2. 签订分立合同

根据《财政部　国家税务总局关于房屋附属设施有关契税政策的批复》（财税〔2004〕126号）规定：对于承受与房屋相关的附属设施（包括停车位、汽车库、自行车库、顶层阁楼以及储藏室，下同）所有权或土地使用权的行为，按照契税法律、法规的规定征收契税；对于不涉及土地使用权和房屋所有权转移变动的，不征收契税。

采取分期付款方式购买房屋附属设施土地使用权、房屋所有权的，应按合同规定的总价款计征契税。承受的房屋附属设施权属如为单独计价的，按照当地确定的适用税率征收契税；如与房屋统一计价的，适用与房屋相同的契税税率。

根据上述文件对于免征契税的规定，在支付独立于房屋之外的建筑物、构筑物以及地面附着物价款时不征收契税。

3.改变抵债时间,享受免征契税政策

根据《财政部 国家税务总局关于企业改制重组若干契税政策的通知》财税〔2003〕184号文件规定:企业按照有关法律、法规的规定实施关闭、破产后,债权人(包括关闭、破产企业职工)承受关闭、破产企业土地、房屋权属以抵偿债务的,免征契税。

根据上述文件对于免征契税的规定,提出纳税筹划方案如下:公司可以改变接受土地抵债的时间,先以主要债权人身份到法院申请欠债公司破产,待欠债公司破产清算后再以主要债权人身份承受欠债公司的土地抵偿债务,可享受免征契税,节约契税支出。

第55问　房产税的纳税筹划方式有哪些

【案例】

某公司2019年年初拥有一栋厂房,原价值为200万元。6月30日将其出租给其他单位,租期为两年,每月租金8 000元(不含增值税)。已知当地政府规定的计算房产余值的扣除比例为25%,则截至2019年10月,该公司需要缴纳的房产税有多少呢?

2019年6月前应缴房产税=200×(1-25%)×1.2%×6/12=0.9(万元)

2019年7—10月应缴房产税=8 000×12%×4=3 840(元)

截至2019年10月公司应缴房产税总额=9 000+3 840=12 840(元)

【解析】

房产税是以房屋为征税对象,按房屋的计税余值或租金收入为计税依据,向产权所有人征收的一种财产税。房产税属于财产税中的个别财产税,其征税对象只是房屋;征收范围限于城镇的经营性房屋;区别房屋的

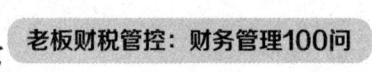

经营使用方式规定征税办法，对于自用的按房产计税余值征收，对于出租房屋按租金收入征税。

根据《中华人民共和国房产税暂行条例》的规定，房产税在城市、县城、建制镇和工矿区征收，有从价计征与从租计征两种方式。从价计征按房产原值一次减除 10%～30% 后的余值为计税依据，税率 1.2%；从租计征以房产租金收入为计税依据，税率 12%。从 2001 年 1 月 1 日起，对个人按市场价格出租的居民住房，用于居住的，可暂按 4% 的税率征收房产税。

房产税的纳税筹划方式有：

1. 合理选择地址

根据《中华人民共和国房产税暂行条例》，房产税在城市、县城、建制镇和工矿区征收，可以看出，农村不属于征收范围，企业在组建选址时考虑到这一点，就会给企业带来巨大的效益。在农村建立厂房不仅可以避免缴纳房产税，还可以节省土地购置费，而且不缴纳城镇土地使用税。

2. 合理划分房产和其他固定资产

《中华人民共和国房产税暂行条例》规定，房产税依照房产原值一次减除 10%～30% 后的余值计算缴纳。具体减除幅度，由省、自治区、直辖市人民政府规定。房产税的税率，依照房产余值计算缴纳的，税率为 1.2%。因为只有厂房缴纳房产税，设备部分可免交房产税，所以要将厂房及设备分别形成固定资产，达到节税目的。

房产税的征税对象是房屋。企业自用房产依照房产原值一次减除 10%～30% 后的余值按 1.2% 的税率计算缴纳房产税。房产原值是指纳税人按照会计制度规定，在账簿"固定资产"科目中记载的房屋原价。因此，对于自用房产应纳房产税的筹划应当紧密围绕房产原值的会计核算进行，只要在会计核算中尽量把未纳入房产税征税范围的围墙、烟囱、水塔、变电塔、室外游泳池、地窖、池、窑、罐等建筑单独记账，就可把那些本不用缴纳的房产税节省下来。

3. 仔细区分房屋和非房屋，正确核算房屋原值

税法还规定了征税的房产范围是以房屋形态表现的财产。房屋是指有屋面和围护结构（有墙或两边有柱），能够遮风避雨，可供人们在其中生产、工作、学习、娱乐、居住或储藏物资的场所；独立于房屋之外的建筑物，如围墙、烟囱、水塔、变电塔、油池油柜、酒窖菜窖、酒精池、糖蜜池、室外游泳池、玻璃暖房、砖瓦石灰窑以及各种油气罐等，不属于房产。

出租人在签订房产出租合同时，对出租标的物中不属于房产的部分应单独标明，而达到少缴房产税的目的，比如出租人既出租房屋也出租场地，既出租房屋也出租机器设备；如果出租人在租赁合同中能分别列明房屋租赁价款和非房屋租赁价款的，只要就房屋租赁价款部分按12%缴纳房产税即可。

《中华人民共和国房产税暂行条例》规定，房产税依照房产租金收入计算缴纳的，税率为12%。企业将房屋及场地对外出租，是有税收筹划空间的。租金是计算房产税的计税依据。对外出租房屋及场地的企业能否节税，确定租金大小是关键。因为房产税只对出租房产租金收入征税，出租场地不缴房产税。所以要将对外出租房屋及场地分别核算，达到节税目的。

4. 巧用从价计征与从租计征

房产税有从价计征与从租计征两种方式，这两种方式适用不同的计税依据和税率。从价计征按房产原值一次减除10%～30%后的余值为计税依据，税率为1.2%；从租计征以房产租金收入为计税依据，税率为12%。两种计征方式的差异，为纳税筹划提供了空间。

第56问　车辆购置税如何做纳税筹划

【案例】

某公司2019年9月购买一辆非新能源汽车自用，价值12万元，则购买时需要缴纳的车辆购置税是多少呢？

应缴车辆购置税＝120 000×10%＝12 000（元）

【解析】

车辆购置税是指对在我国境内购置规定车辆的单位和个人征收的一种税，它是由车辆购置附加费演变而来。现行车辆购置税法的基本规范，是从2001年1月1日起实施的《中华人民共和国车辆购置税暂行条例》。车辆购置税的纳税人为购置（包括购买、进口、自产、受赠、获奖或以其他方式取得并自用）应税车辆的单位和个人，征税范围为汽车、摩托车、电车、挂车和农用运输车，税率为10%。

应纳税额的计算公式为：应纳税额＝计税价格×税率。

车辆购置税的纳税人是指在我国境内购置应税车辆的单位和个人。其中，购置是指购买使用行为、进口使用行为、受赠使用行为、自产自用行为、获奖使用行为以及以拍卖、抵债、走私和罚没等方式取得并使用的行为，这些行为都属于车辆购置税的应税行为。

车辆购置税的纳税筹划方式有：

1.选择卖家

虽然目前汽车经销方式灵活多样，但汽车经销商一般会采用两种经销方式，一种是经销商自己从厂家或上级经销商购进再卖给消费者，以自己名义开具机动车销售发票，并按规定纳税；二是以收取手续费的形式代理卖车，即由上级经销商直接开具机动车发票给消费者，本级经销商以收取代理费的形式从事中介服务。

2. 选择优惠

在缴纳车辆购置税时，还需注意对特定群体及单位缴纳车辆购置税可享受免税、减税资格。现行《车辆购置税暂行条例》规定：外国驻华使馆、领事馆和国际组织驻华机构及其外交人员自用的车辆，免税；中国人民解放军和中国人民武装警察部队列入军队武器装备订货计划的车辆，免税；设有固定装置的非运输车辆，免税；有国务院规定予以免税或者减税的其他情形的，按照规定免税或者减税。此外，城市公交企业自2012年1月1日起至2015年12月31日止，购置的公共汽电车辆免税。

3. 关注计税价格

由于车辆购置税目前征收以机动车发票上注明金额为计税依据，因此，两种不同购进方式对消费者缴纳车购税的影响较大；采用付手续费的方式进行购车，将支付给本级经销商的报酬从车辆购置税计税价格中剥离，从而消费者可少缴车辆购置税。因此，购车一族应把握购进方式利润平衡点，多选择付手续费方式购车，同时从减少车辆流通环节入手进行购车。所以消费者要尽量向上级经销商或生产厂家购车，以获得价格优惠的同时少缴车辆购置税。

购车者随车购买的工具或零件按税法规定应作为购车款的一部分，并入计税价格征收车辆购置税，但若不同时间或销售方不同，则不并入计征车辆购置税。因此，专家建议车辆维修工具不必当时急着在经销商处购买，可以以后再配。最后按税法规定购车时支付的车辆装饰费也应作为价外费用，并入计征车辆购置税；但若购车以后再装潢或另换汽车装潢公司，则不并入计征车辆购置税。

4. 正确区分代收款项与价外费用

价外费用是指销售方价外向购买方收取的基金、集资费、返还利润、补贴、违约金（延期付款利息）和手续费、包装费、储存费、运输装卸费、保管费、代收款项、代垫款项以及其他各种性质的价外收费。

按现行税收政策规定，对代收款项与价外费用应区别征税，凡使用代收单位的票据收取的款项，应视为代收单位的价外费用，并入计税价格计算征收车辆购置税；凡使用委托方的票据收取，受托方只履行代收义务或收取手续费的款项，代收款项不并入价外费用计征车辆购置税。

其实车辆购置税的筹划关键是要将各项费用分开来算。所以购车的市民不必一次性将爱车所有装备配齐，汽车装潢另换时间或自行选择公司去做。最重要的是，要求经销商将各款项分开并出具委托方的发票，不能只开一个购车总价的发票。

第57问　车船税的纳税筹划技巧有哪些

【案例】

某企业欲购买一只船，现有两只船可供选择：一只船的净吨位为10 000吨，一只船的净吨位为10 100吨。请对其进行纳税筹划。

船舶具体适用税额为：①净吨位小于或者等于200吨的，每吨3元；②净吨位2 000吨的，每吨4元；③净吨位2001吨至10 000吨的，每吨5元；④净吨位10 001吨及以上的，每吨6元。

方案一：购买净吨位为10 100吨的船，适用税额为6元／吨。

应纳车船税＝10 100×6=60 600（元）

方案二：购买净吨位为10 000吨的船，适用税额为5元／吨。

应纳车船税＝10 000×5=50 000（元）

方案二比方案一少缴纳车船税10 600元。因此，方案二更优。

【解析】

车船税是以车船为征税对象，向拥有车船的单位和个人征收的一种税。在中华人民共和国境内，车辆、船舶（以下简称"车船"）的所有人或者管理人为车船税的纳税人，应当依照规定缴纳车船税。即在我国境内拥有车船的单位和个人，车船的所有人或者管理人未缴纳车船税的，使用人应当代为缴纳车船税。这里所称的管理人，是指对车船具有管理使用权，不具有所有权的单位。车船税的征收范围，是指依法应当在我国车船管理部门登记的车船（除规定减免的车船外）。

车船税实行定额税率。定额税率也称固定税额，是税率的一种特殊形式。定额税率计算简便，适于从量计征的税种。车船税的适用税额，依照条例所附的《车船税税目税额表》执行。

国务院财政部门、税务主管部门可以根据实际情况在《车船税税目税额表》规定的税目范围和税额幅度内，划分子税目并明确车辆的子税目税额幅度和船舶的具体适用税额。车辆的具体适用税额由省、自治区、直辖市人民政府在规定的子税目税额幅度内确定。

车船税采用定额税率，即对征税的车船规定单位固定税额。车船税确定税额的总原则是：非机动车船的税负轻于机动车船，人力车的税负轻于畜力车，小吨位船舶的税负轻于大船舶。

车船税的纳税筹划方式：

1. 购买时的筹划

企业和个人在购买车船时，一般都会从价格、性能等方面进行考虑，而往往忽略了这些车船将来可能缴纳的税款，实际上，这些税款也应该在购买车船时予以充分考虑。我国对同一类船舶按吨位计税，使吨位多、收益高、负担能力强、享受航道等设施利益多的船舶多负担一些税款，使吨位小、收益低、负担能力弱、受益于航道等设施少的船舶少负担一些税款，以体现合理负担、公平税负的税收政策。

实际上对机动船和非机动船而言，均相当于全额累进税额，即应纳车船税的税额随着其"净吨位"或"载重吨位"的增加而增加，吨位数越大，适用税额也越大。在临界点以下和在临界点以上，吨位数虽然相差不大，但临界点两边的税额却有很大变化，这种现象的存在便使纳税筹划成为必要。企业和个人在选择购买船只时，一定要考虑该种吨位的船只所能带来的收益和因吨位发生变化所引起的税负增加之间的关系，然后选择最佳吨位的船只。

2. 特定减免

对尚未在车辆管理部门办理登记、属于应减免税的新购置车辆，车辆所有人或管理人可提出减免税申请，并提供机构或个人身份证明文件和车辆权属证明文件以及地方税务机关要求的其他相关资料。经税务机关审验符合车船税减免条件的，税务机关可为纳税人出具该纳税年度的减免税证明，以方便纳税人购买机动车交通事故责任强制保险。

新购置应予减免税的车辆所有人或管理人在购买机动车交通事故责任强制保险时已缴纳车船税的，在办理车辆登记手续后可向税务机关提出减免税申请，经税务机关审验符合车船税减免税条件的，税务机关应退还纳税人多缴的税款。

对于车船税的征收管理，则依照《中华人民共和国税收征收管理法》及本条例的规定执行。在一个纳税年度内，已完税的车船被盗抢、报废和灭失的，纳税人可以凭有关管理机关出具的证明和完税证明，向纳税所在地的主管地方税务机关申请退还自被盗抢、报废和灭失月份起至该纳税年度终了期间的税款。

已办理退税的被盗抢车船失而复得的，纳税人应当从公安机关出具相关证明的当月起计算缴纳车船税。

第58问 城市维护建设税的筹划方式有哪些

【案例】

2019年10月初，丙公司实际缴纳9月的增值税52 736.48元，消费税21 089.24元，已知该公司地处某市郊区，适用城市维护建设税税率为5%。那么，丙公司9月应缴纳多少城市维护建设税呢？

应纳城市维护建设税 =（52 736.48+21 089.24）×5% =3 691.29（元）

【解析】

城市维护建设税（以下简称"城建税"）是向缴纳增值税、消费税的单位和个人，以其实际缴纳的增值税、消费税税额为依据征收的一个税种。城市维护建设税是我国为了加强城市的维护建设，扩大和稳定城市维护建设资金的来源，而对有经营收入的单位和个人征收的一个税种。

城市维护建设税的纳税筹划方式有：

1. 税收优惠政策

海关对进口产品征收增值税、消费税的时候，不征收城建税；对出口产品退还增值税、消费税的时候，不退还已经缴纳的城建税。对由于免征、减征增值税、消费税而发生的退税，同时退还已经缴纳的城建税。城建税随同增值税、消费税征收或者减免，一般不能单独减免。

2. 税率的区分

城市维护建设税实行地区差别比例税率。按照纳税人所在地的不同，税率分别规定为7%、5%、1%三个档次。不同地区的纳税人，实行不同档次的税率。具体规定为：纳税人所在地在市区的，税率为7%；纳税人所在地在县城、建制镇的，税率为5%；纳税人所在地不在城市市区、县城、建制镇的,税率为1%。开采海洋石油资源的中外合作油(气)田所在地在海上,其城市维护建设税适用1%的税率。纳税单位或个人缴纳城市维护建设税的适用税率,一律按其纳税人所在地的规定税率执行。县政府设在城市市区的,其在市区办的企业,按市区的规定税率计算纳税。纳税人所在地为工矿区的,应根据行政区划分别按照7%、5%、1%的税率缴纳城市维护建设税。城市维护建设税的适用税率,一般规定按纳税人所在的适用税率执行。但对下列两种情况,可按缴纳增值税、消费税所在地的规定税率就地缴纳城市维护建设税:由受托方代征、代扣增值税、消费税的单位和个人;流动经营等无固定纳税地点的单位和个人。

3.计税依据

城市维护建设税的计税依据是纳税人实际缴纳的增值税、消费税税额。城市维护建设税以增值税、消费税税额为计税依据,指的是增值税、消费税实缴税额,不包括加收的滞纳金和罚款。因为滞纳金和罚款是税务机关对纳税人采取的一种经济制裁,不是增值税、消费税的正税,故不应包括在计税依据之内。

由于城市维护建设税是与消费税、增值税同时征收的,所以在一般情况下,城市维护建设税不是单独加收滞纳金或罚款。但是,如果纳税人缴纳了增值税、消费税之后,却不按照规定缴纳城市维护建设税,那么可以对其单独加收滞纳金,也可以单独进行罚款。

第59问　城镇土地使用税如何做纳税筹划

【案例】

甲公司位于某市郊区,实际占用土地面积为5 000平方米,已知该土地是非耕地,当地人民政府确定的定额税率为每年每平方米11元。则该公司每年应缴纳的城镇土地使用税有多少呢？

应纳城镇土地使用税 =5 000×11=55 000（元）

【解析】

城镇土地使用税，是对在城市、县城、建制镇和工矿区内使用土地的单位和个人，以其实际占用的土地面积为计税依据，按照规定的定额税率计算征收的一个税种。所称单位，包括国有企业、集体企业、私营企业、股份制企业、外商投资企业、外国企业以及其他企业和事业单位、社会团体、国家机关、军队以及其他单位；所称个人，包括个体工商户以及其他个人。对于经营者来说，土地使用税虽然不与经营收入的增减变化相挂钩，但是作为一种费用必然是经营纯收益的一个减项。

城镇土地使用税是以开征范围的土地为征税对象，以实际占用的土地面积为计税标准，按规定税额对拥有土地使用权的单位和个人征收的一种行为税。

城镇土地使用税的纳税筹划方式有：

1. 纳税人身份

根据《中华人民共和国城镇土地使用税暂行条例》的规定，下列经营用地可以享受减免税的规定：市政街道、广场、绿化地带等公共用地；直接用于农、林、牧、渔业的生产用地（不包括农副产品加工场地和生活、办公用地）；能源、交通、水利设施用地和其他用地；对在一个纳税年度内月平均实际安置残疾人就业人数占单位在职职工总数的比例高于25%（含25%）且实际安置残疾人人数高于10人（含10人）的单位，可减征或免征该年度城镇土地使用税。具体减免税比例及管理办法由省、自治区、直辖市财税主管部门确定。企业办的学校、医院、托儿所，其用地能与企业其他用地明确区分，可以比照由国家财政部门拨付事业经费的单位自用的土地，免征土地使用。

2.经营用地的所属区域

税法规定城镇土地使用税征收范围是城市、县城、建制镇、工矿区。因此企业可将注册地选择在城郊接合部的农村，这样既少缴了税款，又不致因交通等问题影响企业的正常生产经营。

经营者占有并实际使用的土地，其所在区域直接关系到缴纳土地使用税数额的大小。因此，经营者可以结合投资项目的实际需要在征税区与非征税区之间选择，在经济发达与经济欠发达的省份之间选择，还可以在同一省份内的大中小城市以及县城和工矿区之间做出选择。

3.所拥有和占用的土地用途

纳税人实际占有并使用的土地用途不同，可享受不同的土地使用税政策。房地产开发公司建造商品房用地，原则上应按规定计征土地使用税，但在商品房出售之前纳税确有困难的，其用地是否准予缓征、减征、免征照顾，可由各省、自治区、直辖市税务局根据从严原则，结合具体情况确定。

对"厂区以外的公共绿化和向社会开放的公园用地，暂免征城镇土地使用税"之规定，企业可以把原绿化地只对内专用改成对外公用即可享受免税的照顾。对水利设施及其管护用地（如水库库区、大坝、堤防、灌渠、泵站等用地），免征土地使用税；对兼有发电的水利设施用地征免土地使用税问题，比照电力行业征免土地使用税的有关规定办理。企业可以考虑把这块土地的价值在账务核算上明确区分开来，以达到享受税收优惠的目的。

企业范围内的荒山、林地、湖泊等占地，尚未利用的，经各省、自治区、直辖市税务局审批，可暂免征收土地使用税。企业的绿化用地，对企业厂区（包括生产、办公及生活区）以内的绿化用地，应照章征收土地使用税，厂区以外的公共绿化用地和向社会开放的公园用地，暂免征收土地使用税。

根据对煤炭、矿山和建材行业的特殊用地可以享受减免土地使用税的规定，企业既可以考虑按政策规定明确划分出采石（矿）厂、排土厂、炸药库等不同用途的用地，也可以把享受免征土地使用税的特定用地在不同的土地等级上进行合理布局，使征税的土地税额最低。

4. 纳税义务发生的时间

纳税人购置新建商品房的，自房屋交付使用的次月起纳税；纳税人购置存量房的，自办理房屋权属转移、变更登记手续，房地产权属登记机关签发房屋权属证书之次月起纳税。因此，对于购置方来说，应尽量缩短取得房屋所有权与实际经营运行之间的时间差。

第60问　进出口关税有哪些优惠政策

【案例】

某生产出口产品的家具生产公司，2019年5月从加拿大进口一批木材，并向当地海关申请保税，该公司报关表上填写的单耗计量单位为：250块/套，即做成一套家具需耗用250块木材。在加工过程中，该公司引进先进设备，做成一套家具只需耗用200块木材。家具生产出来以后，公司将成品复运出口，完成了一个保税过程。

假设公司进口木材15万块，每块价格150元，海关关税税率为50%，则其节税成果为：

（150 000−150 000÷250×200）×150×50% = 2 250 000（元）

【解析】

关税是指一国海关根据该国法律规定，对通过其关境的进出口货物课征的一种税收。关税的征税基础是关税完税价格。进口货物以海关审定的成交价值为基础的到岸价格为关税完税价格；出口货物以该货物销售与境外的离岸价格减去出口税后，经过海关审查确定的价格为完税价格。

关税减免是对某些纳税人和征税对象给予鼓励和照顾的一种特殊优惠政策。正是有了这一调节手段，使关税政策工作兼顾了普遍性和特殊性、原则性和灵活性。

按照《中华人民共和国海关法》(以下简称《海关法》)、《中华人民共和国进出口关税条例》(以下简称《进出口关税条例》)的规定，关税减免分为法定减免税、特定减免税和临时减免税。

1. 法定减免税

法定减免税是指法律规定可以享受减免税优惠的减免税。我国《海关法》和《进出口关税条例》明确规定，下列货物、物品予以减免税。

（1）关税税额在人民币50元以下的一票货物，可免征关税。

（2）无商业价值的广告品和货样，可免征关税。

（3）外国政府、国际组织无偿赠送的物资，可免征关税。

（4）进出境运输工具装载的途中必需的燃料、物料和饮食用品，可予免税。

（5）经海关核准暂时进境或者暂时出境，并在6个月内复运出境或者复运进境的货样、展览品、施工机械、工程车辆、工程船舶、供安装设备时使用的仪器和工具、电视或者电影摄制器械、盛装货物的容器以及剧团服装道具，在货物收发货人向海关缴纳相当于税款的保证金或者提供担保后，可予暂时免税。

（6）为境外厂商加工、装配成品和为制造外销产品而进口的原材料、辅料、零件、部件、配套件和包装物料，海关按照实际加工出口的成品数量免征进口关税；或者对进口料、件先征进口关税，再按照实际加工出口的成品数量予以退税。

（7）因故退还的中国出口货物，经海关审查属实，可予免征进口关税，但已征收的出口关税不予退还。

（8）因故退还的境外进口货物，经海关审查属实，可予免征出口关税，但已征收的进口关税不予退还。

（9）无代价抵偿货物，即进口货物在征税放行后，发现货物残损、短少或品质不良，而由国外承运人、发货人或保险公司免费补偿或更换的同类货物，可以免税。但有残损或质量问题的原进口货物如未退运国外，其进口的无代价抵偿货物应照章征税。

（10）我国缔结或者参加的国际条约规定减征、免征关税的货物、物品，按照规定予以减免关税。

（11）法律规定减征、免征的其他货物。

2. 特定减免税

特定减免税是指根据国家政治、经济政策的需要，对特定地区、特定企业或者特定用途的进出口货物，按照国务院制定的减免税规定可以减征或者免征关税。

现行特定减免税主要包括对科教用品、残疾人专用品、扶贫和慈善性捐赠物资、加工贸易产品、边境贸易进口物资、保税区进出口货物、出口加工区进出口货物、进口设备和特定行业或用途的货物的减免税。

3. 临时减免税

临时减免税是指以上法定和特定减免税以外的其他减免税，即由国务院根据《海关法》对某个单位、某类商品、某个项目或某批进口货物的特殊情况，给予特别照顾，一案一批，专文下达的减免税。一般有单位、品种、期限、金额或数量等限制，不能比照执行。

第6章

薪酬管理：
最有效的激励手段

薪酬管理体系作为保护和提高员工工作热情的最有效的激励手段，是现代企业管理制度中不可欠缺的一部分。企业经营者只有站在经营管理的高度，系统性地认识薪酬体系的定位、管理对象和实施手段，才能全面把握薪酬管理体系在企业中发挥的管理作用。

第61问 薪酬管理包括哪些内容

【案例】

海信公司通过建立基本激励、补充激励和核心激励三位一体的薪酬体系，来实现对技术人员的激励。其中：基本激励是指直接薪酬，主要包括基本工资、奖金和股权激励三部分。直接薪酬是研发人员最主要的货币收入来源，为研发人员的生活提供了物质基础，属于基础性激励。补充激励是指间接薪酬，是海信对研发人员工资奖金收入外的一种额外补充，是为满足他们个性化的需求而提供的各种福利措施。如进修培训、带薪休假等。核心激励是非经济性薪酬。非经济性激励主要属于内在薪酬，为员工提供内心的满足，这种方式对已经属于高收入群体的研发人员而言才是最有效的激励。如设立"企业明星"称号，海信每年都会评选出科技创新项目和科技标兵，每五年评选一次十大科技带头人。

随后，海信还会为这些"企业明星"创造一些在公众面前亮相的机会，提升技术人员的公众形象和影响力。这种"企业明星"的称号让员工意识到了自己的光荣职责，同时心理上也得到了极大的满足。海信还创造了独立于管理岗位的研发专家升迁通道，技术人员可以得到比其他管理人员高很多的工资，最高可达副总裁的收入标准。这种方式成功解决了如果不当领导就永远拿不到高收入、最后专家型的人也要往"官"上靠的问题，为在技术上、专业上有很高造诣，在管理上能力并不强的员工设立了专家的位置，给他们很高的收入。

【解析】

薪酬管理包括薪酬策略管理、薪酬体系设计和薪酬管理工作三部分内容。

薪酬策略管理是将企业发展战略、所处行业、发展阶段、企业文化、管理模式、支付能力与员工需要相结合，制定薪酬原则或方法的过程。

薪酬体系设计是管理者通过使用不同要素、结构、水平和支付形式实现薪酬工作原则或方法的过程。

薪酬管理工作是具体的薪酬工作。

如果我们把薪酬工作看作一场战役，那么薪酬策略管理决定这场战争打不打，薪酬体系设计决定这场战争如何打，薪酬管理工作就是真刀真枪去战斗。薪酬策略管理、薪酬体系设计和薪酬管理工作发挥的作用不同，对从事该项工作员工的能力要求有区别，每一环节都会对企业薪酬工作的成败起决定性的影响。薪酬管理理想状态是决策者选择适宜的薪酬策略，管理者结合企业管理实际、文化和员工需要制定与薪酬策略相适应的薪酬体系，执行者将体系执行下去。这三个环节中任何一个环节出现问题都将导致薪酬工作的失败。

第62问　什么是非经济性薪酬

【案例】

有一天，副总经理对人事经理说：嗨！老王，自从上个月加薪及增加员工福利后，我想这里的员工都很高兴吧！你看我要给他们训勉些什么话才不辜负公司这番苦心？

王经理决定亲自调查员工的感受，以下就是他的发现：

小倩说：自从公司在这里安装了冷气后，我的脖子就酸痛不停，跟主任讲了好多次，看能不能改造一下出风口，但他都不当一回事。

小钱说：在公司三年了，餐厅的菜的样式几乎都没有变化，现在想到中午吃饭就觉得没胃口。

老吴说：你看看我必须弯腰才能捡到这些零件，一个月前我就和领班建议安装个简单的料架，既可省掉无谓的动作，又可以避免我一直弯下身子，但一直没下文。

阿洪说：厂内那么多员工，平时除了工作也没什么交谊的机会，都不知做什么，建议办些活动，但都被各种理由打回票。

美美说：这份工作我已经做了五年了，闭着眼睛都能做，一点意思也没有，我自己都不知道还要做多久。

小力说：上次参加同学会，同学名片一拿出来就是经理、主管等，我在公司都七年了，好不容易才升到组长，名片实在不敢拿出来。更不服气的是，他们的薪水也比我多。

【解析】

非经济性薪酬（包括外在或内在的）主要是一种精神薪酬（心理收入），如上级或同事的赞扬、良好的人际关系、舒适的工作条件、指定的车位、满意的工作设备、有魅力的头衔、合理的工作分工、配有秘书、弹性的工作时间等。这些非经济性薪酬都有可能提高员工的绩效，保持组织的竞争力。实际上，在激励员工的行为上，它往往比物质薪酬更为经济。

内在薪酬是员工从工作上所得到的心理报偿，主要产生于员工的工作本身，同时它肯定只能是一种非经济性薪酬。如对工作的胜任感、成就感、责任感、受重视、有影响力、个人成长和富有价值的贡献等。外在薪酬相对来说比较容易定性及进行定量分析，易于在不同个人、公众和组织之间进行比较。而内在薪酬主要与工作有关，其特点是难以进行清晰的定义，不易进行定量分析和比较，没有固定的标准，操作难度比较大。相对而言，一些管理人员或专业技术人员对于内在薪酬更为看重，其工作满意感与内在报酬有相当大的关系。其对内在薪酬的不满往往难以通过提薪获得圆满解决。例如对事业发展、增长才干的要求。

当然，在企业的薪酬系统中，经济性（或货币性）薪酬仍是对薪酬系统影响最大的组成部分。金钱的重要性并不在于它比其他类型的薪酬更有价值，而在于它可以转化成任何雇员认为最有价值的东西。

第63问　如何理解薪酬管理的公平原则

【案例】

Z电子集团公司曾经取得过辉煌的经营业绩，原是国内四大品牌之一，其主导产品彩电在国内曾处于领先位置，公司上下都沉浸在硕果累累的幸福之中。然而，在日趋白热化的市场竞争中，Z集团逐渐有些招架不住，市场份额年年下滑。企业高管层虽然进行了数次经营策略调整，希望情况有所改善，但每次都无功而返。集团上下被一种近乎宿命的低落情绪所笼罩。

企业高层痛定思痛，决定聘请专业咨询公司进行"诊断"。咨询小组经综合分析后发现，问题主要出在研发部门，其主要表现如下：

（1）企业有相当一批新品上市计划，如DPTV、ITV、HDTV、彩显及网络终端等，许多计划还是相当有前瞻性的，但是企业的新品研发周期总是超过预算计划，往往错过了很多抢占市场的大好时机。

（2）企业内部的员工满意度调查显示，各部门间对薪酬的满意度存在很大不平衡性，特别是研发部门整体满意度最低，明显低于平均水平。

（3）企业人才流动性不是很大，但流失的往往是核心人才。

（4）目前企业薪酬体系是高度统一的，基本上都是50%基本工资、50%奖金，基本工资根据岗位制定。一般来说，部长级别基本工资范围为3 500～4 000元，经理级别为3 000～3 500元，如此等等。奖金发放的方式是平均按月发给员工，如果员工工作没有出现什么大的失误，那么

143

就可以领取全部奖金；只有出现违纪现象和工作出现重大失误，才会按规定扣除相应的奖金。当企业经营不利而降低奖金时，往往会遭到员工一致反对。

咨询专家认为，这些主要问题的根由在于：企业薪酬体系内部公平性有问题，对核心研发部门在薪酬上没有策略性倾斜，研发骨干积极性不高，导致新产品研发一再拖长；企业薪酬结构中没有在不同职类、不同层级采用个性化设计，难以有效地吸引和激励人才；奖金发放只有形式上的约束功能，而没有绩效上的激励意义，使得员工把奖金看作一种既得利益，对于核心研发部门没有激发作用；目前薪酬体系的窄带特征完全基于岗位，难以体现出研发人员所特有的能力特性。

【解析】

传统的公平观念认为只要组织内部实现同工同酬，就实现了公平。现代薪酬管理中，不仅要求组织内部的分配要公平，而且强调组织分配的外部公平性；不仅要同工同酬，而且要求对不同性质的工作按"可比价值"进行评价，实现同等可比价值同酬；更为重要的，是把承认员工的剩余索取权作为薪酬分配公平性的重要内容，员工不仅要取得补偿劳动力再生产性质的工资，而且要参与企业利润的二次分配过程。这些变化表明公平性原则已经被建立在更广泛的基础上，包含着更深刻的人文精神内容。一般而言，企业薪酬分配的公平性反映在以下方面。

1. 外部公平性或外部一致性

外部公平性涉及企业外部劳动力市场的薪酬状况，尤其是体现为员工将本人的薪酬与在其他企业中从事同样工作的员工所获得的薪酬之间所作的比较。由于这种比较的结果常常会影响到求职者是否选择到某家企业去工作或者是影响企业中现有的员工是否会做出跳槽的决定，所以，外部公平性是企业在人才市场加强竞争力的需要。企业所提供的薪酬只有具有竞争力，才能保证在人才市场上招聘到优秀的人才，也才能留住现有的优秀员工。在一般情况下，企业为了达到外部公平，往往要借助各种形式的市场薪酬调查来避免员工产生强烈的外部不公平感。国外的管理者比较注重正式的薪酬调查，国内管理者比较习惯于通过与同行业内其他企业管理者的交流，或者通过公共就业机构获取薪酬资料。

2. 内部公平性或内部一致性

它强调的是在一个企业内部不同工作之间的报酬水平应该相互协调。在职位薪酬体系（即主要以职位本身的价值来确定员工基本薪酬的薪酬体系）的背景下，员工们常常把自己的薪酬与比自己等级低的职位、等级相同的职位（可能属于不同的技能类别或不同的部门）以及等级更高的职位上的人所获得的薪酬加以对比，从而通过这种对比来判断企业对本人所从事的工作所支付的薪酬是否公平，职位间的薪酬水平差距是否合理。员工经过这种比较所得出的结论不仅会影响到他们的总体工作态度，是否愿意被调换到企业内部的其他职位上去，是否愿意接受晋升，同时还会影响到在不同的工作、不同的职能领域以及不同的生产班组中工作的员工之间的合作倾向以及他们对企业的组织承诺度。但从激励作用来看，薪酬内部公平性还属于保健型激励，也就是说，内部公平性可以使员工达到正常的工作效率；而内部公平性不当时，会降低员工的工作效率。在实践中，企业往往通过职位评价来准确体现职位的相对价值，并据此通过薪酬等级划分、级差的确定等方面实现薪酬的内部公平性。

3. 个人公平性

内部一致性强调的重点是工作本身对薪酬决定的作用，而个人公平性强调的则是员工个人特征对薪酬决定的影响。

在同一企业中从事相同工作的员工，在进行薪酬公平性的相互比较时，还会将薪酬与个人的绩效、技能、能力、资历等个人特征联系起来，以考察这些因素引起的薪酬差异是否存在以及是否合理。尤其是绩效薪酬的差异问题，在绩效优秀、绩效一般以及绩效不良的员工之间应当有一个合理的薪酬差距。如果贡献大者与贡献小者得到的报酬一样或相差不大，那么看上去似乎是平等的，但实质上是不公平的。一般而言，劳动成果最能反映出员工的劳动情况，一些民营企业在薪酬分配上注重结果而不注重过程，是有一定道理的。

员工薪酬的一部分应该与公司、部门或个人绩效结合起来，充分体现绩效文化，但在一些高科技企业，能力大小有时是决定薪酬差距更重要的个人因素。

第64问　什么是薪酬激励

【案例】

首先，在IBM公司内部盛行的是一种激励文化，"如果你没有涨工资或晋升，那么就是被惩罚"。这种文化是建立在高素质员工基础上的，员工的自我认同感很强，高淘汰率使大部分人都积极要求进步。其次，IBM的薪酬构成很复杂，但里面不会有学历工资和工龄工资。薪酬与员工的岗位、职务、表现和工作业绩有直接关系，与工作时间长短和学历高低没有必然关系。IBM公司的薪酬制度大大提高了员工的工作积极性。

【解析】

激励原则是指薪酬管理应最大限度地激励员工，并帮助企业实现预定的经营目标。有效的薪酬制度仅仅是让员工们满意和认可是远远不够的，只有激励性的薪酬制度才能强化员工的劳动行为，并引导和推动他们的行为不断达到更高的目标。薪酬管理的激励作用就是通过影响员工物质需求的实现，促使其提高工作积极性，引导他们在企业经营中的行为。

在这里,"影响"是有两个方向的:一个方向是让员工得到更多的报酬,一个方向是减少员工的报酬,也就是奖惩两个方面。所以,对薪酬管理的激励功能的理解不能片面,认为激励就是提高所有员工的满意度,进而提高所有员工的工作积极性。而实际上,激励是通过提高部分员工(通常是行为与组织目标一致的特定员工群体)的满意度,来达到"提高所有员工工作积极性"这个最终目标。在激励的过程中,始终是部分员工的满意度得到增强,部分员工的满意度会减弱。而提高所有员工的满意度只是个理想的状态,在现实中很难实现。因为不可能所有员工的行为都与组织目标一致,从而都得到正强化。受到"负强化"的员工在当时满意度肯定是不高的。

薪酬必须要与员工的职位、能力和绩效紧密挂钩,尤其要与业绩密切联系,只有这样,才能真正实现薪酬的激励作用,使薪酬由"保健因素"转化为"激励因素"。如计件工资就比计时工资更有激励作用。为了达到这一目的,应当设置各种绩效目标,这些目标不仅是利润率、产量、销售额、股票价格上涨等方面的财务指标,还可以是客户服务水平、产品或服务质量、团队建设以及组织和员工的创新和学习能力等方面的一些定性指标,把这些目标作为员工获取薪酬的考核指标。

第65问 什么是战略性薪酬

【案例】

C企业把薪酬总额的10%作为实现企业战略目标的薪酬储备金,该储备金主要用来奖励企业目前的战略中心部门,即承担目前企业战略任务的部门。当企业战略目标转移时,薪酬储备金也将随之用来奖励新的承担部门。例如,若企业当前的战略重点是扩大销售,则薪酬储备金就应该用来奖励销售部门人员；若企业的下一阶段的战略重点转为开发新产品，则薪酬储备金就应该转向奖励研发部门的人员。

【解析】

我们在进行薪酬设计过程中，一方面要通过薪酬设计反映企业的战略，不同的发展战略要求设计与之相适应的薪酬结构、薪酬政策，从而使薪酬管理对企业的发展战略发挥支撑作用。例如，企业目前要求大力提高市场占有率，销售业绩就应当在可变薪酬中起更大的作用；强调提高服务质量，就应当将其与薪酬挂钩；如果企业需要加大科技创新力度，那么就应当把创新能力与创新成果作为重要的奖励成分；如果企业需要紧缩成本，那么就要平衡薪酬市场竞争力与薪酬预算。

另一方面，还要把实现企业战略转化为对员工的期望和要求，并把对员工的期望和要求体现在企业的薪酬激励中。例如，可以对企业战略发展有重要影响作用的员工或行为实行倾斜政策，为他们设计相对较高的薪酬水平，或增加特殊的薪酬组成部分。如特殊津贴、长期激励等，也可以干脆将其与其他员工区别开来，实行特殊的薪酬政策。这主要是指在企业发展的特定阶段对企业后续发展有重要影响的"核心人力资源"或"战略性人力资源"，如那些掌握企业核心资源（重要客户、关键技术等），或拥有对企业发展有重要影响的社会关系的员工。如某产品进入阶段，企业可能更强调产品的研发，但在成熟期时，企业就要对产品销售人员进行重点激励。对一些暂时派不上用场的战略性人才，也可用保护性的优厚待遇把他们储备起来，以待条件成熟后加以重用。例如，为鼓励青年科技人才尽快承担起企业技术转型的重任，可对其科技创新活动给予重奖。

第66问　实施职位薪酬的前提条件是什么

【案例】

IBM公司根据各个部门的不同情况和工作的难度、重要性将职位价值分为五个系列，在五个系列中分别规定了薪酬最高额与最低额。假设把这五个系列叫作A系列、B系列、C系列、D系列与E系列。A系列是属于最单纯部类的工作，而B、C、D、E系列则是困难和复杂程度依次递增的工作，其重要性和职务价值也越高。A系列的最高额并不是B系列的最低额。A系列的最高额相当于B系列的中间偏上，而又比C系列的最低额稍高。做简单工作领取A系列薪酬的人，如果只对本职工作感兴趣，那么他可以从A系列最低额慢慢上升，但只限于到A系列的最高额。领取A系列薪酬的许多职工，当他们的薪酬超过B系列最低额的水准时，就提出"请让我做再难一点的工作吧！"向B系列挑战，因为B系列最高额比A系列最高额高得多，所以各部门的管理人员一边对照薪酬限度，一边建议职工"以后你该搞搞难度稍大的工作，是否会好一些？"从而引导职工渐渐向价值高的工作挑战。

【解析】

企业在实施职位薪酬时，应当对以下几个方面的情况作出评价，以考察本企业的环境是否适合采用职位薪酬体系：

（1）职位的内容是否已经明确化、规范化和标准化。因为职位薪酬是以职位为薪酬决定因素的，所以它要求企业各职位之间的业务独立性强，分工明确、内容具体，能够清晰、准确地进行职位分析与职位评价。

（2）职位的内容是否基本稳定。职位薪酬较适合内外环境较为稳定的企业，从而不至于因为职位内容的频繁变动而使职位薪酬体系的相对稳定性和连续性受到破坏。

（3）是否具有按个人能力安排职位或工作职位的机制。职位薪酬体系是以工作为中心的薪酬体系，它只根据职位本身的价值向员工支付报酬，而没有考虑任职者的实际工作能力和绩效，因此，如果员工本人的能力与所担任职位的能力要求不匹配，那么就会导致不公平的现象发生。

（4）企业中是否存在相对较多的职级。职位薪酬体系适合于职位级别比较多的科层组织，从而能够为员工提供一个随着个人能力的提升从低级职位向高级职位晋升的机会。否则，一旦职位等级很少，大批员工在上升到一定的职位之后就无法继续晋升，其结果必然是阻塞员工的薪酬提升通道，加剧员工的晋升竞争，损伤员工的工作积极性和进一步提高技能和能力的动机。

（5）企业的薪酬水平是否足够高。如果企业的总体薪酬水平不高，职位等级又很多，那么处于职位序列最底层的员工所得到的报酬就会非常低，各级别之间的薪酬级差也会很小。

第67问　什么是职位薪点工资

【案例】

某钢铁（集团）有限公司，它的薪点工资制是由职工原职位工资、技能工资、工龄工资、月度奖金和部分津贴合并组成的。薪点数主要由基本点（生活保障点）、职位劳动要素点（随职位变化）、个人技能点（素质点）及积累贡献点（动态点）构成。

首先是点数的确定。第一项为基本点，统一定为职工生活保障点（110点）。这部分薪点约占全部薪点的23%。第二项为技能素质点，包括技能等级点、学历点、兼会工种点三部分。这一项薪点标准为 14～336 点，共分 16 个技能等级，约占全部薪点的 9%。第三项为职位劳动要素点，先在职位劳动评价的基础上进一步细化职位分类，将原来 6 级 12 岗细分为 12 级 24 岗。其中管理技术职位设 1～8 岗，生产服务职位为 4～10 岗。职位薪点标准为 180～540 点，最高与最低之比为 3：1，职位薪点约占全部薪点的 64%，是薪点工资的主要部分，具体由职位点、兼职点和专业技术职务点组成。第四项为积累贡献点，反映职工过去劳动所贡献的薪点，约占全部薪点的 4%。具体由工龄点、考评升级点和奖励晋级点组成。薪点工资构成的各个部分，既可按各自的职能和条件独立运行，也可在提高效益的前提下提高点值。

其次是点值的确定。点值由薪点基值和薪点浮动值组成，分别与企业和专业厂（部门）效益挂钩。（1）薪点基值由原职位工资、技能工资和工龄工资的总量除以公司全部职工的薪点总和得出；薪点基值的升降与公司的效益挂钩浮动。（2）薪点浮动值与分厂的效益、产品质量、品种和劳动生产率等指标挂钩，按月考核。

最后，薪点数乘以点值即得出职工工资。

【解析】

职位薪点工资制是在应用要素计点法进行职位评价的基础上，用点数和点值来确定员工实际劳动报酬的一种工资制度。其中，员工的点数通过一系列量化考核指标来确定，主要根据职工的劳动职位因素和职工个人的表现因素，测定出每个职工的点数，再加上按预先规定增加的点数，即将职位点数、表现点数和加分点数相加后得出个人总点数。点值是与经济效益直接联系的，可设置成基值和浮动值，分别与整个企业及员工所在部门的经济效益实绩挂钩。员工个人的总点数乘以点值，即为员工的工资标准。可见，职位薪点工资制实际上是一种以职位工资为基础的结构工资制，所以有时也简称为薪点工资制。它突出了职位要素在薪酬分配中的作用,主张合理拉开收入差距,收入分配向关键职位和重要职位倾斜。

职位薪点工资制是采取比较合理的要素计点法来确定员工的薪点数;薪点值则根据经济效益确定,实际上可看作企业薪酬水平的确定。因为点值高,则薪酬水平高;点值低,则薪酬水平低。在实施过程中必须坚持"以职位为主确定薪点数、以绩效考核增减薪点数、以企业经济效益好坏核定工资总额、以结算工资总额确定薪点值"原则。

第68问　实行技能薪酬应考虑哪些因素

【案例】

微软公司在每个专业里设立了"技术级别",这种级别用数字表示,既反映了员工在公司的表现和基本技能,也反映了经验阅历,并根据技术级别确定员工的工资水平。在开发部门,每年开发经理对全体人员进行依次考核并确定技术级别,这使所有的员工都可以相互比较以充分认识到公司对自己技能的认可程度。

例如,微软对开发员界定为15个级别,一个从大学里招聘来的新雇员一般是10级。每年对开发员进行测评以决定晋级情况,一般需要6～18个月可以升一级,有硕士学位的员工晋升得会快一些,或一开始就可以被定位为11级。公司对各级别的要求是:12级员工的技能编写代码准确无误,在某个项目上基本上可以应付一切事情;13级员工的技能可以从事跨商务部门的工作;14级员工的技能可以影响跨越部门的工作;15级员工的技能可以影响整个公司范围的工作。

【解析】

当企业在决定实行技能薪酬的可行性时要考虑自身的生产经营状况与内外部环境等多种因素。例如,技能薪酬制度的管理重点不再是限制任务安排，确保工作任务的安排与职位等级保持一致，而是允许员工的工作行为可以不受传统的以"事"为中心的职位描述约束而自由发展，因而要求企业要有一种比较开放、有利于参与的企业文化，这样才能保证企业最大限度地利用员工已有的技能与知识。而对于劳资关系紧张的企业，管理层和员工之间缺乏合作意向，则不适用于实行技能薪酬。一般而言，技能薪酬最适合生产技术是连续流程性的企业以及服务性企业，不适合高自动化企业。此外，企业还应作到以下方面。

1. 明确对员工的技能要求

实行技能薪酬制度，企业必须清楚地表明企业对员工发展的要求，并且给员工更多的发展机会与空间。企业应该让员工了解获得各种技术和能力所需的时间，也就是获得相应的薪酬所需的时间。企业通常是将复杂的技术和能力进行集合、分解，形成各种比较简单的技能来降低要求，增加员工获得薪酬的可能性，从而提高员工学习新技能的积极性。但是，如果企业的技术和能力标准非常简单，如员工通过几个星期时间的学习或培训就可以达到，那么管理者最好将若干种类的技能进行捆绑以提高获得的难度，以避免企业薪酬成本的迅速增加。

2. 构建配套的技能评估体系

任何薪酬计划都要对员工是否有资格获得相应的薪酬进行考察和认证，技能薪酬制度也不例外。由于技能薪酬制度的支付标准比较抽象，所以更有必要对员工的技能水平进行认真评估以检验员工是否具有获得某种薪酬的资格。技能评估体系包括评估机构、能力评价要素、能力评价等级、评估标准、评估时间、评估手段或方法等，其中评估与测试方法最为复杂。企业应根据自身的实际情况选择适合自己的测试方法。例如，工作抽样调查就是一种常见的测试方法，它能够比较真实地反映员工的能力。如果企业需要了解员工在特殊情况下的反应与做法，那么这种方法还需要与其他方法相结合，如口试、笔试和现场展示等。

不仅如此，还必须要有一个阶段性的资格再认证、再评估的过程，因为只有这样才能确保员工能够继续保持已经达到的技能水平。定期再评估要求员工必须定期证明他们掌握所有学过的技术，促使员工不要忘记已经获得的知识与能力，并进一步加深印象。再评估的期限不宜过长或过短，一般是一年一次或两次。当然，怎样取消那些不再具备特定技能者的原有资格也不是一件容易做到的事。

另外，随着技术的更新、能力的淘汰呈现加速度趋势，技能及其等级的含义本身也在发生变化。因此，企业需要根据自身技术水平的更新以及进步情况，随时修订自己的技能等级定义和技能评估体系，并且随之进行技能等级的重新评价认证。这样，一方面可以保证技能评估体系适应企业发展的要求，另一方面也可以促使员工持续不断地进行学习，从而形成有利于构建学习型组织的良好氛围。

缺乏重新认证规定的技能薪酬体系很容易遇到机会主义的问题，即已经达到某种技能等级的员工在实际工作中并未发挥相应技能等级的作用，但是他们却可以得到与自己曾经达到过的那种技能水平相对应的薪酬水平。这实际上是技能薪酬"对人不对岗"所产生的一个弊端。要解决这一问题，除了资格再认证以外，还应当切实落实"评聘分开"，将任职资格的认定与职务的聘任分离，在员工担任与其技术等级或职称相对应的职务时提出明确的工作业绩要求，定期进行考核和重新聘岗，促使他们保持与其技能等级或职称相匹配的工作业绩和工作能力。如果拿的是高技能等级的薪酬，却表现不出应有的水平，甚至做的还是低等级的工作，那么自然就会引起其他同职位员工的强烈不满。

3.将薪酬计划与培训计划相结合

薪酬体系的合理设计应有助于企业引导员工主动接受培训、努力进行自我技能开发、不断巩固和提升自身的业务素质。实行技能薪酬体系的企业必须将薪酬计划与培训计划合理结合，从而适应学习型组织的要求。实践证明，只要将员工的薪酬与其技能提高相联系，员工参加企业培训的积极性就会大大提高，这是薪酬激励功能的一种表现。所以，企业在实施薪酬计划之前，就要制订一个与之相对应、较为固定的培训计划。企业的培训计划首先要确定员工获得某种技术与能力所需要达到的培训程度、需要掌握培训的具体内容，即满足培训需要；其次，要确定培训的方法。

第69问　什么是绩效薪酬

【案例】

DF公司每季度都会根据季度工作计划对中层管理人员进行绩效考核，考核结果与下一季度中层管理人员的岗位绩效工资挂钩。中层管理人员的考核内容分为工作业绩考核（权重占90%）和能力考核（包括组织领导能力、沟通能力、计划能力、解决问题能力，权重占10%）。由于中层管理人员除了要做好自己的本职工作外还要指导下属的工作，配合其他部门开展工作，所以其工作业绩考核又分为任务绩效（包括重点任务目标、其他任务，权重占70%）、周边绩效（包括工作的主动性、响应及解决问题的时间、信息反馈及时性、服务质量，权重占10%）和管理绩效（权重占10%）三个方面。其中，周边绩效主要是由其所服务的同级相关部门进行考核，管理绩效由下级和直接上级进行考核，任务绩效和能力考核主要由直接上级负责。最后由人事行政部根据各个指标的权重和评分情况计算出被考核人应得的最后分数。公司规定，季度考核分数达到90分为合格，每月按事先确定的岗位绩效工资标准（与岗位工资之比约为4∶6）发放绩效工资；季度考核分数超过90分者，按照超过的比例进行奖励，最高奖励额度占工资的10%；季度考核分数低于90分者，按照低于的比例扣发绩效工资，最高扣发工资总额的20%。

【解析】

所谓绩效薪酬，又称绩效奖励计划，是一种将员工的收入与绩效水平挂钩的薪酬制度，即员工的薪酬随着个人、团队或者组织绩效的某些衡量指标的变化而变化的一种薪酬设计。绩效薪酬制度体现了为绩效付酬的薪酬理念。在设计基于业绩的绩效薪酬制度时，企业应根据其自身发展愿景、战略目标及人员构成等来选择具体的形式，并及时根据战略目标的变化而作出调整。绩效薪酬可以是短期性的，如销售奖金和项目浮动奖金、年度奖励等，也可以是长期性的，如股票、股票期权等；绩效薪酬可以是个人的，也可以是群体的，还可以是基于企业整体绩效的。因此，对于绩效薪酬制度，我们可以从两个维度来对其进行分类。从激励对象维度来看，分为个体（人）绩效薪酬制度、群体绩效薪酬制度以及组织绩效薪酬制度。其中，群体绩效薪酬制度与组织绩效薪酬制度的界限已经很模糊了，它们都是针对员工群体的，主要的区别只不过是组织绩效薪酬制度的对象群更大一些，如针对全体员工和企业绩效的利润分享计划，而群体绩效薪酬制度一般也可以运用于全员，当然它在某种程度上更强调员工间的密切合作。从时间维度来看，可分为长期激励计划和短期激励计划。

绩效薪酬的确定与企业的绩效评估制度密切相关，绩效薪酬制度的实施必须是建立在科学、合理的绩效考评制度的基础上。其中绩效是一个综合的概念，主要是指完成某项任务以及完成该项任务的效率与效能，它不仅包括产品数量、质量与效率，还包括雇员对企业的其他贡献，绩效管理中的一个组织绩效评价方法——"平衡计分卡"突破财务指标的绩效管理思想值得借鉴。另外，从层次上看，绩效的范畴也包括了个人绩效、团队绩效和组织绩效三种。员工的绩效薪酬与这三个方面都有不同程度的关联，例如，组织绩效不佳，个人绩效薪酬制度也难以有效实施。所以，实际上不少绩效薪酬制度实行的都是"三挂钩"，即与员工个人业绩、团队业绩、组织业绩建立不同程度的联系。这样也可以避免因个人业绩挂钩薪酬体系对团队精神造成损害。

第70问　绩效薪酬的实施要点有哪些

【案例】

某电子产品企业的销售部门按行政区划将全国划分成不同的销售区域，每年年初向销售区域总经理下达其所辖区域的年度销售计划。销区奖金总额根据该销区的年度销售总额的一定比例提取。每个业务人员的奖金也与其所负责区域的销售额挂钩。如果销区完不成销售计划，无论什么原因，销区所有人员的奖金都会受到很大影响。

为了提高自己的销售量，业务人员在向批发商推销产品时，往往向客户承诺一些难以实现的优惠条件，如批发商进货达到一定量时给予高额返利，向批发商或者专卖店提供进行统一形象装修的补贴等。同时，为了提高自己的销售额，除了开拓自己负责的区域以外，许多销区还向相邻销区的经销商以优惠条件批发产品，以至于最后各销区之间互相抢占对方地盘。

刚开始时，这种做法的确提高了企业的销售额，企业也因此在一些地方的市场占有率得以大幅度提高，销区经理和业务人员的奖金收入在业内达到了中高水平。但是两三年以后，这种做法的弊端就开始暴露出来。首先是许多经销商发现，该企业的业务人员不守信用，令他们蒙受了很大损失，纷纷停止从这家企业进货；另一方面，由于各销区之间互相冲货愈演愈烈，严重影响了企业的整体市场策略。最后，企业的整体销售业绩开始下滑。

【解析】

为了使绩效薪酬制度扬长避短，更好地发挥其应有的作用，在实施中应注意以下 4 个方面。

1. 绩效薪酬只是企业整体薪酬体系中的一个重要组成部分，它尽管对于激励员工的行为和绩效有着重要的作用，但也有一定的适用性和局限性，不能取代其他薪酬制度。最好与其他薪酬制度密切配合，以确保薪酬管理更加完善。尤其是像行政事务性工作、后勤服务等与工作结果的联系不强，工作绩效不易准确衡量的职位，要充分考虑与职位薪酬的结合。一般而言，工作的程序性、规则性越强，业绩测量就越容易，越适合采用绩效薪酬体系。反之，工作非程序性、创造性、合作性越强，业绩测量越困难，就不太适合采用绩效薪酬体系，尤其是短期的绩效激励。

2. 实行绩效薪酬必须选准奖励所针对的绩效因素，绩效薪酬制度必须对那些圆满完成组织绩效或行为与组织目标一致的员工给予回报，而组织目标通常是和企业的战略经营计划和组织任务联系在一起的。因此，绩效薪酬制度必须与组织的战略目标及其文化和价值观保持一致，与企业的中长期利益相一致，并且与其他经营活动相协调。否则，如果绩效评价指标有偏差，则绩效薪酬就可能奖励的是有偏差的工作行为，绩效薪酬制度达不到原有的激励目的，就会影响企业的经营发展。事实上，在实践中经常发生这样一种情况，从局部看设计非常合理的绩效奖励计划，最终对于企业整体业绩所产生的影响却是不利的。如很多企业在为销售人员发放绩效薪酬时，因片面强调个别财务指标而导致了销售人员的短期行为，出现忽视售后服务质量等问题，使企业长远利益和整体利益受到损害。

3. 必须要有一套科学合理的绩效评估体系。这是因为绩效薪酬制度是以对员工、员工群体甚至组织整体的业绩作为奖励支付的基础。因此，如果没有公平合理、准确完善的绩效评价系统，那么就不能精确地测量业绩，员工就看不到努力与业绩、业绩与奖励之间的明确关系，因而也不会产生努力工作的积极性。在这里，企业不仅要明确自己所要实现的成果是什么，什么样的员工行为有利于这种成果的实现，同时还要明确，企业将如何对这些成果进行衡量、监督以及管理。如果没有明确的、具体的、可衡量的、富有挑战性的绩效衡量指标，经营目标就会变得模糊不清，绩效奖励就会成为上级的恩惠或者是铁板钉钉一样的既得利益。于是，以激励绩效为目的的绩效薪酬制度最终就会蜕变成另外一种形式的"大锅饭"。如某些与业绩无关的基本薪酬设计得很高的年薪制。

4.有效的绩效薪酬制度必须在绩效和奖励之间建立起紧密的联系。因为无论企业的目标多么清晰，绩效评价多么准确，反馈多么富有成效，如果它与报酬之间不存在联系，与员工的个人利益没有什么关系，那么就不会对员工的行为产生太大的影响。因此，必须清楚地定义薪酬和业绩之间的关系，将业绩与薪酬水平密切挂钩。企业必须清楚地向员工说明工作业绩与绩效报酬之间的关系，以确保员工可以用所取得的业绩来获得额外的奖励，并在实际操作中，公正地执行绩效薪酬制度，使员工确信这是可靠的、公正的。

第71问　股权激励的设计要点是什么

【案例】

某公司是一家在境外注册并计划上市的从事网络通信产品研究、设计、生产、销售及服务的高科技企业，在注册时就预留了一定数量的股票计划用于股票期权激励。目前公司处于发展时期，但面临着现金比较紧张的问题，公司能拿出的现金奖励很少，公司面临人才流失的危机。在这样的背景下，该公司设计了一套面向公司所有员工实施的股票期权计划。

主要内容如下。

1.授予对象：这次股票期权计划首次授权的对象为2010年6月30日前入职满一年的员工。

2. 授予价格：首次授予期权的行权价格为 $0.01，被激励员工在行权时只是象征性出资。以后每年授予的价格根据参照每股资产净值确定。

3. 授予数量：拟定股票期权发行最大限额为 1 460 500 股，首次发行 730 250 股。期权的授予数额根据公司相关分配方案进行，每年可授予一次。首次授予数额不高于最大限额的 50%，第二年授予数额不高于最大限额的 30%，第三年授予数额不高于最大限额的 20%。

4. 行权条件：员工获授期权满一年进入行权期，每年的行权许可比例是：第一年可行权授予总额的 25%，以后每年最多可行权授予总额的 25%。公司在上市前，暂不能变现出售股票，但员工可在公司股票拟上市而未上市期间内保留或积累期权的行权额度，待公司股票上市之后，即可以变现出售。如果公司 3 年之后不上市，那么就要求变现的股票由公司按照行权时的出资额加上以银行贷款利率计算的利息回购。

【解析】

股权激励方案不仅仅是一个简单的计划，它的制定和实施需要企业多方面的配合和支持。在实施股权激励计划前，企业必须先建立公司的薪酬委员会或者类似机构来统筹管理和实施股权激励计划，此外还需要设立公司的内部监督机构来保证股权激励在设计和执行过程中的公平合理。在具体的股权激励设计中，可以通过各个设计因素的调节，来组合成不同效果的方案。这些设计因素可以归纳为以下方面。

（1）激励对象：由于企业整体业绩（或效益）指标完成情况与员工个人工作努力的关联度不高，而且员工对企业长期发展影响甚微，所以，传统的股权激励对象一般以企业经营者（如 CEO）为主。但是，由于股权激励的良好效果，在国外股权激励的范围正在扩大，其中包括普通雇员的持股计划、以股票支付董事报酬、以股票支付基金管理人的报酬等。国内企业的主要激励对象是董事长、总经理等，一些企业也有员工持股会，但这种员工持股更多的是带有福利性质。我国证监会发布的《上市公司股权激励规范意见》提出的股权激励对象包括上市公司的董事、监事、高级管理人员、核心技术（业务）人员以及公司认为应当激励的其他员工。

（2）激励模式：即股权激励实现的方式，如股票期权、限制性股票等。股权激励的实现方式各有优缺点，并且股权激励模式都有各自适用的条件限制。例如非上市公司不存在公开发行的股票，所以这类企业就不能采用股票期权模式。企业在实施股权激励计划前必须选择适合自己的激励模式，这样不仅可以放大股权激励的激励效果，还可以在一定程度上降低企业的股权激励成本。

（3）数量安排：即股权激励在实施时对激励对象所授予的股权的数量的确定。数量安排包括两部分内容，分别是股票或者股权赠与总量的确定和授予激励对象个人股票或者股份个量的确定。总量的确定要在企业的规模和企业的总股本的基础上加以确定。不同行业、不同规模、不同发展阶段的企业授予股权总量一般有所不同，但企业必须对授予的股权总量进行严格的控制。股权总量的授予不能过小，过小就不会产生良好的激励效果；总量的授予也不能过大，过大将会削弱股东的权利，减少股东的利益。在股权总量确定后，就要对激励对象进行个量的分配。对个量的分配同样要适度，管理层、中层与核心骨干员工要按照合适的分配比例进行区分配置。激励对象的股权授予个量之间不能相差过大，这样就会造成员工之间严重的贫富不均，影响员工的团结和凝聚；个体授予数量也不能相差过小，否则就不能体现出员工之间收入的差别性，以保障能很好地调动员工的工作积极性。

（4）价格确定：包括股权的行权价格、股票回购及转让价格。对于虚拟股票期权激励模式，还需确定虚拟股票的价格。行权价格是指公司向激励对象承诺在激励对象行权条件达到时，激励对象可以按照事先约定好的价格购买股票或者行使期权，这个事先约定好的价格即为行权价格。上市公司与非上市公司的不同特点决定了两者股权激励中行权价格的确定方法大为不同。上市公司可以在股票市场价格的基础上对其行权价格加以确定，而非上市公司则不存在公开发行的股票，一般以某一时点公司净资产的评估值为基础确定行权价格。此外，行权价格的高低直接关系到激励对象将来收益的多少，因此对行权价格的确定一定要适度，避免其对激励效果产生不良影响，得不偿失。

（5）时间安排：股权激励作为长期激励机制持续时间较长，因此对股权激励中特殊的时间设计是非常必要并且非常重要的，其中主要包括股权授予日、股权回购或转让的时间、有效期等的设计。

（6）来源确定：主要包括对股权激励计划中所需的股票或股份来源的确定和股权激励计划中所需资金的来源的确定。对于上市公司来说，股票的来源主要包括定向发行、股东转让和股票的回购等方式。

（7）条件制定：主要是指对股权激励计划中的获授条件和行权条件的设计。获授条件主要是为激励对象在获授股权时所设计，只有当激励对象达到获授条件时，公司才授予其股权。获授条件要从多方面来设计，不仅要考虑到企业的短期业绩水平、公司的长期战略目的，在通常情况下还要参考员工的工作年限及工作的稳定性等。

行权条件主要是为激励对象在行使股权时所设计。它除了需要激励对象的资格必须符合要求外，还要公司的主题资格必须符合要求。只有这两者都合乎企业的要求了，激励对象才可以行权、获赠或购买公司股票，否则行权终止。

（8）机制确定。股权激励计划的设计实施是一个系统性的工程，在设计好以上要素后，还应制定一系列相应的管理机制，其中包括激励计划的管理机制、计划的调整机制、计划的修改与终止机制等，为股权激励计划的顺利实施保驾护航。

第72问　自主福利有什么作用

【案例】

K公司在全面薪酬管理体系的设计中，将原有福利全部保留下来的基础上，新设立若干自助福利项目，各项目分别设置消费积分，积分与人民币等值，即一个积分相当于1元。员工在积分允许范围内自由选择福利组合，按发票报销。每年初，公司将福利积分总额600分加入员工福利账户。员工消费福利项目时，公司根据消费积分从员工福利账户中等额扣除。员工当年度未使用完的福利积分，可以转入后续年度使用。

【解析】

福利包括法定福利和自主福利。法定福利强调福利的保障作用，自有福利则突出激励作用。自主福利标准、覆盖范围、发放方式完全由企业掌握。如补充养老保险、补充医疗保险、交通补贴、免费住房、工作午餐等。既然国家已经规定了企业应有的基本福利，为什么管理者还要凭空增加一块自主福利呢？这是因为自主福利在激励中的作用不同。

首先，福利是薪酬的重要组成部分，是对工资、奖金等激励形式的补充。员工的工资、奖金通过劳动合同、考核指标及奖励办法等形式固定下来。员工完成工作即应当享受报酬。福利分配的主动权在管理者手中。什么样的员工可以享受福利、享受什么样的福利及标准完全由企业自主决定。这些薪酬以外的"意外"收获，可以提高员工满足感，增强激励作用。

其次，有些福利也可以提升企业形象。随着生活水平的提高，人们对生活质量的需求越来越高。在薪酬水平趋同的情况下，通过较好的福利政策，企业能够提升自身的企业形象，达到吸纳和留住员工的目标。例如，谷歌就通过打造良好的办公环境，树立起了人性化、自由、宽松的企业形象。

再次，福利也有助于塑造企业文化。企业文化的塑造有其物质层的内涵。员工福利是落实企业文化物质内涵的载体。强调团队协作的企业会加强团队活动的频次，强调员工健康发展的企业会增加员工体检、保健等费用的支出。这些行为都与企业文化相适应，使员工切实感受到了企业文化的存在。

最后，从人力成本管控角度来看，自主福利便于企业对人工成本的调控。福利与工资、奖金都是企业货币的付出。其中，工资和奖金部分是显性的，能够直接让员工感受到，并由企业与员工明确约定。福利的主动权则完全掌握在企业的手中。有些福利也被员工视为收入的一部分，如午餐补助、交通补助。企业通过这些福利项目的调整同样可以达到控制人工成本总额，减少企业货币付出的目的。

第73问　企业自主福利的内容有哪些

【案例】

联想集团是第一个在国家劳动和社会保障部进行企业年金计划备案的企业。在联想集团工作超过一年的正式员工均可以参加年金计划，个人与公司出资比例为1∶1，联想委托平安保险、招商银行以及嘉实基金提供保险、账户管理、投资等具体服务。按照5%的投资收益率和工资增长率测算，一个加入年金计划后在联想集团工作30年的员工，若退休前工资为6 000元，则退休后共能获得社保和企业年金养老金收入4 000元；而如果不参加，则只能获得1 300多元的社会养老保险金。企业年金计划让员工感到"联想就是你的家"。

企业年金对人才的吸引效果十分明显，自2004年筹备年金计划以来，联想集团的员工离职比例已经大为降低，约有70%的员工已加入年金计划。企业年金计划是联想集团的人力资源政策的新举措，年金也吸引了更多高素质的人才加盟联想集团。

【解析】

在企业的薪酬体系中，员工福利扮演着非常重要的角色，它是企业总薪酬中不可或缺的一个重要组成部分。

企业的自主性福利项目比法定福利的种类更多，内容也十分繁杂、灵活，其划分方法也多种多样。这里对企业福利的内容作以下大体划分。

1. 金钱性福利

金钱性福利包括：企业年金计划；住房保障计划；受赡养者奖学金；培训补贴、子女教育补助、托儿养老补助；生日礼金、结婚礼金、直系亲属奠礼金；年终或国庆等特殊节日加薪、分红、物价补贴，商业与服务业单位的小费；市内交通工具补贴或报销，个人交通工具（汽车）购买津贴、保养费或燃料费补助等；公关饮食报销或职务消费；报刊订阅补贴，专业书刊购买补贴；药费或滋补营养品报销或补助；意外工伤补偿费、伤残生活补助、死亡抚恤金等；支付额外困难补助金；降温、取暖津贴；解雇费；海外津贴；团体汽车保险、团体家庭保险、个人事故险及其他各项保险等。其中，企业年金计划、员工健康保障计划（包括补充医疗保险、团体人寿保险、团体意外伤害保险、团体健康保险）、补充性住房保障计划（包括补充性住房公积金、住房现金补贴、低息或无息住房贷款、房贷利息补助、低价团购住房及单位公寓宿舍租赁等）是适应性较广、关注度较高的福利项目。

2. 实物性福利

实物性福利包括：直接提供的工作服；免费单身宿舍、夜班宿舍、民工夫妻房；免费午餐，工间免费饮料（茶水、咖啡或冷饮，食品免费发放）；企业自建文体设施（如运动场、游泳池、健身房、阅览室、书法、棋牌、台球室等）；免费电影、戏曲、表演、球赛票券等。

3. 服务性福利

服务性福利包括：员工食堂；家庭保健护理；保姆家庭护理；企业接送员工上下班的免费或廉价通勤车服务；食品集体折扣代购；免费提供计算机或其他学习设施服务等；免费定期体检及防疫注射，职业病免费防护；免费订票服务；咨询性服务，包括免费的员工个人发展设计的咨询服务（给予分析、指导和建议，提供参考资料与情况等）、员工心理健康咨询（过大的工作负荷与压力导致的高度焦虑或精神崩溃等心理症状的诊治）及免费的法律咨询等；保护性服务，包括平等就业权利保护（反性别、年龄等歧视）、性骚扰保护、隐私保护等；工作环境保护，如实行弹性工作时间、缩短工作时间等。

4. 优惠性福利

优惠性福利包括：将公房廉价出租或出售给本企业员工，提供购房低息或无息贷款；低价工作餐；部分公费医疗，优惠疗养等；低折扣电影、戏曲、表演、球赛票券等；优惠车、船、机票；信用储金、存款户头特惠利率、低息贷款等；优惠价提供本企业产品或服务。

5. 机会性福利

机会性福利包括：企业内在职或短期脱产培训；企业外公费进修（业余、部分脱产或全脱产）；带薪休假；俱乐部成员资格；有组织的集体文体活动（晚会、舞会、郊游、野餐、体育竞赛等）；企业内部提升政策、员工参与的民主化管理等；提供具有挑战性的工作机会等。

其中，以教育培训为主要内容的员工职业发展计划能够把组织发展需要与员工个人学习需要较好地结合起来，有利于建立学习型企业组织。

第7章

融资管理：
用别人的钱创造价值

　　企业要发展，投资很重要，融资也同等重要，投融资是企业必然经历的一个过程。对于企业老板来说，融资决策是必须要面临的一个问题，它将直接决定融资活动的方向、进展与结果，是企业生存发展的关键问题之一。那么，老板作为管理者，必须要掌握相关融资决策管理的知识，才能有效地指导、监督、控制和审批工作，这样的融资决策才会更科学、合理。

第74问　融资会给企业带来哪些改变

【案例】

　　A公司成立于2008年，差异化定位使公司很快在众多电商网站中脱颖而出。然而，随着市场规模的扩大，A公司逐渐陷入了有市场但没有资金的困境。更糟糕的是，受2008年金融危机的影响，VC（风险投资）机构不再愿意为电商行业投资。为了从困境中走出来，A公司的创始人想尽一切办法，终于拿到了一家巨头公司的战略投资。该巨头公司看中了A公司的资源，希望通过战略投资推动自身公司的发展。随后，该巨头公司向A公司投资了将近一亿元，获得了A公司800股的股份。有了充足的资金后，A公司的销售额有了很大突破，发展势头强劲。然而，2015年是A公司噩梦开始的第一年。在这一年里，拥有A公司8 096股股份的战略投资者发现此次战略投资对自身公司业务的拓展没有起到什么作用，此时正赶上一家国外电商巨头公司（以下简称"B公司"）想通过A公司开展在我国的线上业务，于是该战略投资者将A公司股份以6 500万美元的价格出售给B公司。到2019年时，B公司通过增持A公司股份，持股比例达到51%，取代原战略投资者成为A公司最大的股东。B公司的到来给A公司带来了不同的公司定位和发展方向。当时，B公司在我国没有任何官方网上商城，业内人士认为，该公司之所以迟迟没有开展在我国的线上业务，是因为相中了A公司这个线上"替身"。实际上，B公司对A公司的定位与创始人的发展理念完全相反，创始人认为公司当前最需要市场扩张，而B公司的投资人追求业绩稳定。随着两者矛盾逐渐加深，A公司内部出现了分化。当B公司派遣人员进入A公司时，A公司的管理人员相继离职。

最终，A公司的创始人也选择安静地离开了自己一手创建的公司。

【解析】

如果你是一个融资"小白"，那么你需要从头学起，先关注融资给公司带来的明显的改变。股份稀释、控制权减弱、财务公开化，是公司融资后的三大主要改变。创始人要把握好这三个变化，以免失去对公司的控制权。

1. 股份稀释

股份稀释是融资给公司带来的直接后果之一。一些创始人可能意识到，他们所拥有的公司股份比例随着融资轮次的增多而不断减少。

随着公司不断壮大、外部融资不断增多，创始人所拥有的股份会不断减少。

创始人最后究竟能拿到多少公司股份，在很大程度上取决于公司的融资。

通常情况下，一个不断发展壮大的公司在上市前往往需要5轮以上的融资。

一般来说，融资轮次可以划分为种子轮、天使轮、A轮、B轮、C轮……IPO（首次公开募股）。股份稀释对企业来说不一定是坏事。通过融资把公司一步一步做大做强，最终做到上市，这样的股份稀释就很值得。因为随着公司发展壮大，其市值会不断增长，而市值增长带来的收益远远高于出让的那一小部分股份的价值。

2. 控制权减弱

控股是保障控制权的一种方式。对公司创始人来说，只有占股比例最高，才能有效保证对公司的控制权不落旁人。随着外部融资的加入，创始人的股份比例将会不断被稀释，与此同时，创始人的控制权也在减弱。

3. 财务公开化

无论是有限责任公司，还是股份有限公司，都必须向成为公司股东的投资人公开财务信息。创始人主要通过发送公司财务报表的方式向投资人说明公司的财务状况,包括公司资产、负债和经营数据等。

在公司融资上市前,创始人只需要向少数投资人公开财务信息;等公司挂牌新三板或上市后,则需要向公众公开财务信息。

财务公开化有利于公司进行财务基础规范化管理,对公司发展是有益的。

第75问 企业融资的渠道有哪些

【案例】

某制造厂成立于2019年,注册资金100万元。该厂专业制造称重传感器的钢制弹性体,生产工艺先进,产品销路较好。从2020年7月开始,企业主想调整产品结构,采用新型的销售模式,以保障企业在当前经济环境下的稳定发展。但是由于该企业的资金周转受到了一定的影响,同时,由于上半年企业订单不断增加,在种种压力下,企业出现了流动资金不足的情况,无法及时补充原材料,使正常的生产经营受到了影响。

怎么办?企业主想到了申请银行贷款,银行工作人员在听取了企业主遇到的困难后,马上进行了实地的情况调查和分析。通过调查和分析,工作人员发现这是一家具有较大发展潜力的企业,对企业主的品质也十分认可。

于是,该厂用厂房作为抵押物,成功拿到了银行500万元的贷款融资。

【解析】

1. 发行股票

发行股票指的是企业通过股票利益吸引投资者购买,进而达到筹资目的的筹资方式。其中包括普通股和优先股两种。它的优点是具有永久性,没有到期日，不需要偿还本金，而且企业进行股利支付时，还可以根据企业的经营情况而定。与发行债券相比，发行股票的财务风险比较低，利于提高企业信誉，从而为其他筹资活动提供支持。而它的缺点就是成本比较高，需要从税后利润中支付，而且限制因素比较多，企业必须要保证良好的经营状况，才能有效预防股价下跌的发生。除此之外，企业还需要为股东提供一定的经营控制权，这样就会分散企业控制权。

2. 发行债券

发行债券指的是按照债券发行协议，企业进行债券发售，同时，在未来规定期内，企业承诺偿还本金与利息的一种筹资方式。它的优点是成本比较低，债券利息是固定的，并允许在税前支付，不会分散控制权。而它的缺点是需要维护债权人的利益，筹资总额有一定的限制，而且限制的条件比较多。除此之外，老板还要偿还本金利息，财务风险明显有点高。

3. 银行借款

银行借款指的是企业通过借贷合同向银行或其他金融机构直接借取资金的筹资方式，可以分为长期借款与短期借款。它的优点是筹资的成本比较低，而且筹资的程序非常简单、速度快，更重要的是利息是固定的。此方式弹性比较好，老板可以和银行直接商洽。而它的缺点就是筹资数量有限，限制的条件比较多，而且财务风险比较高，特别是当企业经营状况比较糟糕时，极有可能会导致企业走向破产。

4. 融资租赁

融资租赁指的是通过资本租赁，企业获得规定时间内出租财产的占有和使用权利并支付相应租金的筹资方式。它的优点是限制条件比较少，能够很快使用，不需要承担设备磨损以及更新换代等风险。而它的缺点就是成本比较高，老板不能根据自己的意愿随便改良租赁资产，这在某种程度上反而限制了企业的发展。

5. 利用商业信用

利用商业信用指的是企业可以凭借在经营运作中所形成的商业信用，进行赊购商品、预付货款等短期资金筹集的筹资方式。它的优点是比较便利、灵活和有弹性，成本比较低，限制的条件也比较少，属于自发性筹资。而它的缺点就是筹资数量有限且期限较短，而且对信誉的要求比较高，对企业的资金运作极为不利。

6. 吸收直接投资

吸收直接投资指的是企业通过协议等形式，从国家、企业等外部渠道吸收直接资金投入的筹资方式。它的优点是能提高企业的信誉和借款能力，对企业开拓市场极为有利，进而可以帮助企业不断壮大实力。另外，投资的报酬取决于企业的经营状况，形式比较灵活，可以有效降低财务风险。其缺点就是投资者将从企业的经营利润中获取与自己出资数额相对应的投资报酬，所以成本比较高。除此之外，企业还需要向投资者提供相应的经营控制权，这样就会分散企业控制权。

7. 利用留存利益

企业通过调用内部积累的资产力量，将其转化为筹集资金的筹资方式。它的优点就是不需要借款，财务风险比较低，还能保持企业的举债能力，不会分散控制权。其缺点就是容易受其他经营业务的影响，限制因素比较多而且企业还需要具备相应的资产条件。

第76问　融资决策的基本原则是什么

【案例】

丙公司成立于2019年9月初，由两家公司共同出资建立。出资总额为800万元，除此之外，企业还向银行和其他个人借款，共计200万元。

由此可见，该企业权益资本占总资本的80%，而债权人资本只占总资本的20%。经营一段时间后，为了给企业老板施加一定的经营压力，公司决定增加债权人资本，同时改变当前资本结构。于是，公司后续3个月向供应商购买原材料的价款都暂时未付，形成"应付账款"这一负债，实际上是占用供应商的资金，对丙公司来说，如同获取了债权人资本。已知这部分暂未支付的款项共120万元。此时企业的资本结构为：权益资本800万元，债权人资本320万元，权益资本占总资本的比例变为71.43%（800÷1 120×100%），债权人资本占总资本的比例变为28.57%（320÷1 120×100%）。

【解析】

一般来说，融资决策指的是企业根据融资目标要求，结合自身的实际情况，全面考虑融资条件、融资成本等多项因素，合理选择融资方式、融资渠道等事项，最后确定最佳融资方案的过程。

对于老板来说，实行企业融资决策时，必须遵循以下几项基本原则：

（1）适用性原则

实行融资决策时，老板一定要认真考虑企业的真实需求和能力条件，同时，还要结合企业的其他业务，选择适用的融资方式进行融资。

（2）安全性原则

实行融资决策时，老板只有作到客观分析融资方案中可能存在的各类风险，才能有效地控制融资风险。

（3）收益性原则

实行融资决策时，老板首先要有效地控制融资成本，将融资成本降到最低，只有这样才能追求更高的融资效益。

（4）控制权保持原则

由于有些融资方式会分散企业的控制权，所以在进行融资决策时，老板应该选择比较合理的融资方式，以确保控制权的完整性。

（5）结构合理性原则

实行融资决策时，老板必须要合理配置权益融资与负债融资、长期融资与短期融资，这些都是老板需要注意的地方。

第77问　没钱才需要融资吗

【案例】

乙公司是一家创业公司，创立之初就在新三板上市。为了筹集公司经营所需的各方面资金，于是通过某专业的证券公司发行公司的股票。已知所有股票均为普通股，共发行1 000万股，每股面值1元，且以面值发行。最终筹得资金共1 000万元。

【解析】

因为资金是企业经济活动的一切推动力，而企业能获得稳定的资金来源、及时筹集生产要素所需要的资金，对企业的经营和发展有着非常重要的影响。所以，融资很重要，老板必须要了解融资的必要性，才能更好地看待融资。

1.融资是为了企业更好地投资

企业的最终目标就是实现企业价值最大化，而投资就是实现这一目标的必要途径。首先，老板想要壮大企业，就少不了投资，因为企业需要扩大经营规模就必须要进行固定资产投资。其次，在市场中，明显的和潜在的竞争随处可见。企业若要与其他企业竞争，就必须不断投资。如果企业采取保守的做法，只能保住一时，因此只有投资才是唯一的出路。最后，企业想要发展，投资是必不可少的，不论研究开发还是提高生产效率，这些都离不开投资。从广义来说，企业的投资主要包括引进设备和购买股票等，虽然企业可以用设备或无形资产等换取投资，但一般情况下，现金的流出都比较直接，对资金的需求是最根本的，企业要想实现自己的盈利目标就必须学会融资。

2. 融资是企业发展的必要途径

在市场经济中，适者生存、优胜劣汰是企业成长过程中的基本规律。如果企业想要继续生存下去，那么就必须要不断发展壮大起来。首先，在企业发展过程中，老板可以将企业生产经营所获得的利润进行再投资，用来不断扩大企业的生产经营规模；或者是通过发行股票和债券或向银行贷款等筹集资金的方式来实现。然而，企业不管采用何种投资方式，都必须投入大量的资金，这是毋庸置疑的事实。其次，企业要向国际市场进攻、占领市场、搞多元化经营，这些都需要巨额资金的支持。如果企业在争夺市场的过程中资金不足，便会走向倒闭的尴尬局面，这就是商业经营的残酷性。最后，技术创新能够提高企业的核心竞争力，增强发展的原动力，把握企业生存发展的主动权，还能推动企业的健康发展，而技术创新需要充足的资金才能实现。可以说，充足的资金是企业技术创新的基本保障，也是创新的重要瓶颈。因为每一项创新都需要大量的资金支持。所以，融资是企业发展的必要途径。

3. 融资能够有效弥补经营资金的缺口

在企业日常生产经营中，如果企业出现了资金缺口问题，比如，有的企业所经营的产品与季节有很大的联系，到了旺季时，企业就需要大量的资金。如果企业的应收账款太多或恰巧手头资金比较短缺时，它就必须要进行融资。此时，企业通常会选择短期融资的方式来填补日常经营资金的缺口。

总之，在企业的发展过程中，融资是财务管理必不可少的一部分，它是企业加速发展的助推器，而"滚雪球效应"便是融资的最大意义所在。在企业资金不足的情况下，老板进行融资，能够快速扩大生产资本，以最短的时间购入足够的原材料等。在现代市场，很多企业都是通过融资迅速上市的。然而，融资对于企业老板而言还是一把双刃剑，因为融资的利

益明显，其风险也是无法避免的。老板只有选择正确的融资渠道和融资方式，才能降低风险，获得所需要的融资收益。所以，有钱没钱，企业融资都是能获得很大收益的。

第78问　融资决策的基本程序是什么

【案例】

甲公司创立时，由某创始人以公司的名义向某自然人个人借款60万元，双方签订了借款协议，约定借款期限为两年，借款利率按同期银行利率的标准核算，且为6%，每月计提并支付利息，到期归还本金。

【解析】

一般来说，企业融资决策的基本程序包括以下几个步骤。

1. 预测资金需求

老板可以根据战略规划的要求，预测企业下一阶段的资金需求状况。

2. 明确融资目标

在需求预测结果的基础上，老板应该全面考虑其他变动因素，从而确定企业的融资目标。

3. 设计融资方案

根据融资目标，投融资专员应该设计一个融资专案，拟定一些融资的方式、渠道和结构等。

4. 评审融资方案

企业财务部应该成立一个评审小组，对融资方案的设计结果进行评价，如果有不足的地方，那么可以指出修正意见和改进方向。

5. 调整反馈方案

根据评审结果，投融资专员应该及时调整已反馈的融资方案，使融资方案变得更加完善。

6. 方案审核审批

如果调整后的方案已通过评审，投融资专员就可以将其上交给财务部经理进行审核，最后由老板负责最终的审批决策。

第79问　融资决策的关键点有哪些

【案例】

甲公司创立时，除了各商业投资者投入资金外，还获取了当地政府投入资金100万元。这是政府对当地高新技术企业给予的支持。

【解析】

在进行融资决策时，老板应该注意以下3个关键点。

1. 融资渠道决策

一般来说，比较常见的融资渠道主要有发行股票、发行债券、银行借款、融资租赁、其他法人单位资金、利用商业信用等，当老板进行融资渠道决策时，可以根据企业实际条件去选择最适合的融资渠道。

2. 融资数量决策

融资数量指的就是企业进行融资活动时，筹集资金的总额度。当老板进行融资数量决策时，应该以企业资金需求的预测结果与战略规划的发展要求为基础，同时还要对企业的实际情况以及融资的难易程度等因素进行综合考虑，进而确定融资的数量，使融资的金额能保证满足企业对资金的需求。

3. 融资方式决策

进行融资方式决策时，老板应该客观分析各类融资方式的利弊，然后根据企业的实际情况进行合理选择与组合。融资方式有很多种，比如发行股票、债券、银行借款等。

第80问 如何控制融资风险

【案例】

天丰农机有限责任公司成立于2020年，注册资本200万元，是一家代理销售农业机械设备及配件、农用车及配件的商贸类微型企业。该企业为某品牌专业农用机械的总代理，凭着品牌优势结合企业主的良好经营手法，近年来该企业发展较为稳定。

每年的大春生产以及年底为企业的销售旺季，为配合广大农村消费市场而开展促销活动，需大量购入存货，这段时期，企业在业务运营过程中流动资金较为紧张，又由于今年经济形势的影响，资金回笼速度更加受到了影响，眼看着大笔订单接进来，却因为流动资金不足而无法及时备货。如交货时间多次拖延，将大大影响公司信誉，这对稳定及发展自己的客户群极为不利。绝不能在业务发展呈现良好势头的时候，被流动资金周转的问题拖了后腿。

企业想到了通过自有房产抵押，向银行进行流动资金融资。该公司先后与几家国有银行洽谈过贷款业务，但都没有成功。

在与多家银行都洽谈未果后，企业主得知当地村镇银行有专门针对小企业的一些融资产品，于是就找了当地村镇银行业务人员洽谈此笔贷款业务。之前与其他银行洽谈过程中存在的问题，通过当地村镇银行的小微企业流动资金循环贷款产品就解决了。

最后经过洽谈，该企业以公司股东其自有房产抵押获取了流动资金循环授信额度40万元，满足了企业的融资需求，使企业走出了在销售旺季资金周转不灵的窘境，并为企业今后的业务发展提供了有力的资金保障。

【解析】

融资风险控制是企业融资管理的重要工作，能够促进融资目标的快速实现。所以，老板应该加强融资风险控制流程中的审批工作，才能确保融资风险控制工作达到预期的效果。一般来说，企业融资风险控制的流程具体如下：

1. 风险识别

企业要组织成立融资风险评估小组，对融资方式的利弊进行分析，并判断各种不确定因素，进而有效识别各类融资风险。

2. 风险评估

企业要评估风险发生的概率，根据概率来评估出企业受到风险的影响程度。

3. 风险应对

根据融资风险的影响程度，企业需要拟定风险应对的相关措施。然后，编制融资风险报告，最后，审批完风险报告，就可以执行了。

不过，在该流程中，老板在审查时，一定要确定风险识别结果具有全面性和科学性，确认拟定的风险应对措施是有效的和合理的，最后根据报告，对融资规划进行指导。

第81问　天使投资的模式有哪些

【案例】

2019年11月11日凌晨，伴随着"三只松鼠"工作人员的尖叫声，"三只松鼠"的销售额仅用了19分23秒就突破了1亿元。值得注意的是，2018年"双11"期间，"三只松鼠"的全渠道销售额是6.82亿元，而2019年"三只松鼠"的全渠道销售额是10.49亿元，同比增长53.81%。

"三只松鼠"是一家以坚果为主营业务的食品电商企业，2012年6月正式上线，创始人为"松鼠老爹"章燎原。在上线后，"三只松鼠"仅用了65天就在天猫商城同类商店销售中排到了第一名；2013年，三只松鼠的全年总销售额突破3亿元；截至2019年，它的市值已经超过了263.5亿元。

2012年年初，IDG资本合伙人李丰通过社会化媒体认识了章燎原，两人性格非常合得来，很快成为好朋友。2012年3月，章燎原创业后与李丰第一次合作，拿到了IDG资本150万美元的天使投资（A轮融资）。

2013年5月，"三只松鼠"获得600万美元的B轮融资，领投方为今日资本，IDG资本跟投；2014年，"三只松鼠"完成C轮融资，今日资本和IDG资本共同投资1.2亿元；2015年9月16日，"三只松鼠"获得3亿元的D轮融资，估值达40亿元，成为互联网上估值最高的电商品牌。此轮融资的投资方为峰瑞基金，前IDG资本合伙人李丰为其创始人。

【解析】

天使投资指的是个人出资帮助项目创意好、有发展前景的初创企业创业，并承担创业失败的高风险、享受创业成功的高收益。这是自由投资者或非正式风险投资机构对原创项目的一次性投资。一般是企业的第一笔融资，天使投资人一般还会为被投企业提供资金以外的综合资源。

天使投资有不同的投资模式，包括自然人模式、团队模式、基金模式、孵化器模式、平台模式等。不同的投资模式所获得的融资金额和操作模式有所不同，创始人需要根据自己的资本和项目进行选择。

1. 自然人模式

天使投资人大多是有一定财富积累的老板、成功创始人和风险投资人等。他们在投资后会积极为初创企业提供战略规划、人才、公关和人脉资源等增值服务，是早期创始人的重要支柱。国内成功的民营老板逐渐发展成为天使投资的主力军，手头有闲置资金的律师、会计师和企业高管及行业专家等也在做天使投资。很多天使投资人都有过创业经历，他们更容易理解创始人的难处，是初创企业的最佳融资对象。

2. 团队模式

天使投资的自然人模式有一定的局限性，如项目来源少、个人资金实力不足和投资经验不足等。于是，一些天使投资人开始组织在一起，组成天使俱乐部或天使联盟等天使投资团队。

天使投资团队有非常多的优势，如汇集项目来源、成员之间分享行业经验和投资经验等。有一些天使投资团队联系紧密，会通过联合投资的方式对外投资。

3. 基金模式

随着天使投资的进一步发展，天使投资基金等机构化的天使投资模式应运而生。有些资金充足、活跃于创投圈的天使投资人设立了天使投资基金，进行专业化运作。另外，还有一类天使投资基金与风险投资基金形式相同，但投资规模较小。这些基金的资金来自企业、外部机构或个人的投资，如创业邦天使基金、联想之星创业投资等。天使投资基金的投资金额一般为几千万元，单笔投资金额为数百万元。他们经常与风险投资基金联合投资，作为领投要求进入董事会。

4. 孵化器模式

创业孵化器一般建立在各个地区的科技园中，主要为初创企业提供启动资金、廉价的办公场地和便利的配套设施及人力资源服务等。在企业经营方面，孵化器还会为初创企业提供各种帮助。

5. 平台模式

移动互联网的快速发展促使越来越多的应用终端和平台对外开放接口，让初创企业可以基于自己的应用平台进行创业。一些平台为了加强对创始人的吸引力、提升平台价值，设立了平台型天使投资基金，给有潜力的初创企业提供启动资金。平台型天使投资基金不仅可以为初创企业提供

资金支持，还会给其带来丰富的平台资源。

第82问　股权众筹有哪些模式

【案例】

许单单从互联网分析师转型为投资人已经好几年了，他建立了知名创业投资平台3W咖啡。3W咖啡采用众筹模式，向公众募集资金，每人10股，每股6 000元，相当于每人出资6万元。当时，这件事引发的微博热度很高，3W咖啡很快就聚集了一群知名投资人、创业者和企业高管，包括沈南鹏、徐小平、曾李青等，阵容堪称华丽。

3W咖啡由此引发了中国众筹式创业咖啡的潮流，几乎每个城市都建立了众筹式的3W咖啡。3W咖啡以创业咖啡为契机，继续将品牌延伸到了创业孵化器等领域。

【解析】

股权众筹的概念来自美国。美国学者迈克尔·萨利文（Michael Sullivan）首次在他的文章中使用了"Crowdfunding"一词，并将其定义为"众人通过互联网把资金汇聚在一起，由此来支持他人或者组织发起项目"。作为一种创新的融资渠道，股权众筹符合多层次资本市场的需要，为一些创意出众但资金短缺的创始人提供了第一笔资金。

股权众筹有不同的众筹模式，包括凭证式众筹、会籍式众筹、天使式众筹等。不同的众筹模式有不同的运营方式，但要注意股权众筹和非法集资的区别。

1. 凭证式众筹

《中华人民共和国证券法》第九条规定："公开发行证券，必须符合法律、行政法规规定的条件，并依法报经国务院证券监督管理机构或者国务院授权的部门注册。未经依法注册,任何单位和个人不得公开发行证券。"因此,不管何种形式的股权众筹,都需要报经证券监管部门注册才可以。

2. 会籍式众筹

会籍式众筹以现今流行的圈子文化为背景,辅以高端的服务质量,打造高端的商务社交场所。这种模式不仅可以为创始人筹集资金,还能吸引圈子中的知名人士,从而锁定一批忠实客户。另外,投资人也能在无须经营的情况下,拥有自己的会所、餐厅、酒吧等,既能获得一定收益,又可以拥有更高的社会地位,可谓一举两得。

3. 天使式众筹

天使式众筹模式适合成长性好的高科技创业项目融资,但需要投资人充分理解项目模式。这种模式的投资门槛较高,对创始人来说,依旧需要认真进行项目推荐并寻找一位专业的领投人。而明星创业者或明星创业项目,则不适合该模式。这种模式更适合在专业圈子中有一定影响力的创始人,他可以把信息传播给更多懂行且信任他的投资人,然后通过社交网络来募集资金。

第83问　风险投资的六要素有什么

【案例】

2016年7月,基于神州专车业务的神州优车以55亿美元的估值在新三板上市。这是中国科技公司2016年最大的一次IPO。

2015年,中国的汽车租赁集团神州租车推出了专车服务——神州专车。与其他网约车服务不同,神州专车有自己的专业车辆和司机。

神州专车在推出后的7个月内完成了2.5亿美元的A轮融资,估价为

12.5亿美元。

神州专车的合作伙伴神州租车投资了1.25亿美元，另外1.25亿美元来自华平投资和总部位于北京的联想控股。

在达成这笔交易时，神州专车已经覆盖了60个城市，这主要得益于与神州租车的合作关系。神州租车的创始人兼首席执行官陆正耀的家族当时也控制了神州专车的大部分股权。

神州专车迅速行动，于2015年9月完成了5.5亿美元的B轮融资，估值为35.5亿美元。之前的投资者神州租车、华平投资和联想控股参加了此轮融资，瑞士信贷和其他公司也加入了这轮融资。这种激进的融资方式说明了网约车市场正出现高度竞争，在当时的融资方面，神州专车落后于Uber中国和滴滴出行，排名第三。

在上市近一年后，神州优车获得了由中国人民保险（集团）有限公司和德国慕尼黑再保险资产管理公司合资成立的中国人保资产管理股份有限公司3.53亿美元的战略投资。中国银联和上海浦东发展银行也在2017年早些时候投资了神州优车。

在Uber中国与滴滴出行合并之后，神州专车仍然在争夺市场份额，其得到了其主要战略合作伙伴神州租车在汽车租赁领域的主导地位以及自上市以来的其他私人投资的支持。

【解析】

风险投资是指风险投资人或风险投资机构对一些有发展前景、增值潜力较高的高新技术企业进行的融资活动。风险投资有6个需要注意的要素，分别是风险资本、风险投资人、投资对象、投资期限、投资目的和投资方式。这6个要素串联了风险投资的整个过程，需要创始人逐一把握。

1. 风险资本

风险资本指的是风险投资人为发展潜力巨大的初创企业提供的一种资本。这种资本一般通过购买股权、提供贷款或二者结合的方式进入企业，帮助企业成长、壮大。

2. 风险投资人

风险投资人的类别有：

（1）风险资本家

这类风险投资人大多是从事风险投资的老板，他们主要通过投资来获利。但与其他风险投资人不同的是，风险资本家的投资资本属于个人所有，不是受托管理的资本。

（2）风险投资公司

这类公司种类多样，其中以风险投资基金为主。风险投资基金一般以有限合伙制为组织形式。

（3）产业附属投资公司

这类公司大多是一些非金融性的公司的下属独立机构，代表母公司进行投资。这类公司一般将资金定向投到某些行业。与传统风险投资公司类似，产业附属投资公司也要对被投企业进行评估，并进行深入的尽职调查以求得到较高的回报。

（4）天使投资人

这类风险投资人一般倾向于投资初创公司，意在帮助这些公司快速起步。天使投资人通常是指公司的第一批投资人，这个时期公司的产品和业务往往只有一个雏形。

3. 投资对象

如果你的企业处于快速成长期，并且是高科技企业，那么风险投资就是最适合你的企业发展的融资方式。风险投资是中小型高科技企业的首选融资方式。

4. 投资期限

风险投资人为企业注入资金帮助其成长，但他们的最终目的是将资金撤出以实现增值。作为一种股权投资，风险投资的投资期限较长，一般为

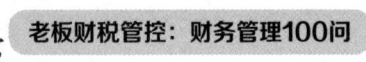

3～5年，而针对创业期的企业的投资期限一般为7～10年，后续投资通常会比这个期限要短。

5. 投资目的

因为风险投资人的投资目的是获得财富增值，所以创业项目的盈利模式是风险投资人格外关注的重点内容。盈利模式的本质是"利润＝收入－成本"，且盈利模式需要用简洁清晰的逻辑表达出来，即"如何赚钱"。风险投资人不是普通用户，他们深谙商业竞争的规则，不需要听常识性的解释，只希望看到创业项目中的创新点。

6. 投资方式

从风险投资"高风险、高收益"的性质来看，风险投资有三种投资方式。第一种是直接为被投企业注入资金；第二种是为被投企业提供贷款或贷款担保；第三种是为被投企业提供贷款的同时购买被投企业的股权。不管是哪种投资方式，风险投资人都会为被投企业提供一系列增值服务，如管理技术、融资渠道等，目的是帮助企业快速成长。

第84问　首次公开募股有什么特点

【案例】

根据上海证券交易所公告，福建天马科技集团股份有限公司（以下简称"天马科技"）于2017年1月17日登陆上海证券交易所主板，股票代码为"603668"。天马科技此次公开发行的股票不超过5 300万股，发行价格为每股6.21元。首次公开募股行为意味着天马科技成功在上海证券交易所主板挂牌上市。

【解析】

首次公开募股是指企业将全部资本等额划分为股票形式，经中国证监会批准后上市发行,在股票市场流通,投资人可以直接购买。通常,上市公司的股份是根据中国证监会出具的招股书中约定的条款通过经纪商进行销售的。

一般来说,一旦公开上市完成后,企业就可以申请到证券交易所挂牌交易。其中,有限责任公司在申请之前,要先变更为股份有限公司。企业通过首次公开募股可以在短时间内筹集到巨额资金。

首次公开募股可以让企业在发行股票的同时进行融资,是企业上市的标志,也是企业全新的开始。首次公开募股具有金额大、风险高的特点,企业可以通过上市获得巨额资金,但同时也会面临更高的风险,如果经营不善,那么就会有退市的可能。

1. 在发行股票的同时进行融资

首次公开募股并上市是一个系统的大工程,不仅可以帮助企业融资,还是企业发展到一定规模后再上一个台阶的机会。整个过程涉及企业管理、财务核算、风控管理、组织结构和股权架构管理等各个方面,创始人需要对此有充分的认识,为企业首次公开募股的成功奠定基础。

首次公开募股有很多的优势,如可以在发行股票的同时进行融资,两项工作一起进行,有利于提高企业的工作效率,从而向投资人展示一个有组织、有纪律的企业形象。不仅达到宣传和推广企业形象的目的,还帮助企业节省大量的时间和精力。

但是首次公开募股也有一定的弊端,如申请程序复杂,周期长;费用比较高,且无法保证发行成功,很容易受到市场波动的影响。因此,在首次公开募股之前,创始人应进行全面的考虑,做好充足的准备。

2. 金额大、风险高

首次公开募股具有金额大、风险高的特点。

首次公开募股代表着上市,是一个开始,不是结束。上市之后,企业需要根据中国证监会对上市公司的要求定期披露信息,履行相关义务。除此之外，上市公司应当致力于发展业务、扩大市场。上市公司如果经营不善，将会面临退市的风险。

因此，无论企业有没有完成首次公开募股，创始人都应当明白，融资不是目的，盈利才是根本目的。

第85问　银行贷款有哪几种类型

【案例】

甲公司创立初期，为了补充企业内部资本，向银行申请借款100万元，借款期限为4年。已知年利率为8%，每个月支付利息，到期归还本金。

【解析】

目前，银行贷款主要分为4种类型。

第一种是抵押贷款，指借款人向银行提供一定的财物作为信贷抵押的贷款；

第二种是信用贷款，指借款人无须提供担保，仅凭自己的信誉就能取得的贷款；

第三种是担保贷款，指借款人以担保人的信用为担保而获得的贷款；

第四种是贴现贷款，指借款人在急需资金时，用未到期的票据向银行申请贴现来融通资金的贷款。

在这4种贷款类型中，创始人经常使用的是抵押、信用及担保贷款。曾有人对此做过调查，在申请创业小额贷款时，60%以上的创始人都会选择信用贷款。事实上，抵押贷款及担保贷款的成功率更高一些。

创始人之所以偏爱信用贷款，是因为信用贷款不需要抵押和担保，这对创始人来说是一个非常诱人的优势。然而，银行的信用贷款产品是非常少的，并且发放的贷款额度非常低。对银行来说，尽量不发放或少发放信用贷款产品是最好的防控贷款风险的方法。

说到抵押贷款和担保贷款,其最大的优势就是贷款额度相对较高,这对创始人来说非常重要。因为创始人最大的烦恼就是创业启动资金不足,所以贷款额度越高,越能起作用。

第86问　债券融资的常用形式有哪些

【案例】

通达公司于2020年发行3亿元公司债,期限为10年,发行价格为每张人民币100元,采取网上向原无限售条件流通股股东优先配售、网上面向公众投资者公开发行和网下面向机构投资者协议发行相结合的方式。其利率低于银行同期贷款利率,降低公司的融资成本,同时发行公司债也调整了公司长短期贷款比例,优化了公司负债结构。

【解析】

债券融资有4种常用形式,分别是融资担保、贸易融资、固定回报投资和金融租赁。这4种形式应用的场景和操作方式各不相同,创始人可以按照需要选择或组合使用。

1. 融资担保

由于信息具有不对称性的特点,因此银行即使提前进行风险调查也无法彻底了解客户的真实情况,贷款到期无法偿清的情况还是时有发生,针对这种情况就出现了融资担保。

融资担保是指有偿还能力的担保公司为借款人提供担保文件,当借款人不能按期还款时,担保公司代替其向银行还款,然后再向借款人追偿。

2. 贸易融资

贸易融资指的是银行面向进口商或出口商,利用与进口、出口贸易结

算有关的短期融资工具,基于商品交易中的存货、预付款等资产进行的融资。贸易融资的借款人,除了将商品销售盈利作为还款来源,没有独立的还款能力。贸易融资的保理商提供无追索权的贸易融资,快速方便,能有效解决出口商信用销售和在途占用的短期资金问题。

3. 固定回报投资

很多人认为固定回报投资的收益率肯定是固定的,约定多少就是多少,然而,固定回报投资的收益并不是固定的。它之所以叫这个名字,是因为它的投资方向是固定收益类资产。

固定收益类资产指的是银行定期存款、协议存款、国债、企业债等。这类资产有一个共同特征,就是到期还本付息且收益率固定。

4. 金融租赁

金融租赁实质上是一种债权,不同国家对其有不同的定义和不同的法律规定。

一些国家将金融租赁定义为"出租人和承租人以书面形式达成的一种协议,在一个特定的期限内,由出租人购买承租人选定的设备,同时拥有其所有权,而承租人拥有其使用权"。我国将金融租赁定义为"出租人出资购买承租人选定的设备,再将其租借给承租人,并在一定期限内收取租金的一种兼具融资和融物两种职能的租赁方式。承租人在租借期限到期后,向出租人支付产权转让费,出租人将设备的所有权移交给承租人"。

第87问　应收账款融资的基本类型有什么

【案例】

2020年8月,甲市A工业有限公司(简称"A公司")因正常的生产需要，向乙市B化工有限责任公司（简称"B公司"）购买原材料及辅助材料。因企业资金紧缺，固无力支付购买原材料的定金。A公司与B公司已有五年的合作历史，彼此经营情况都比较了解。A公司有一个长期固定客户是C国际贸易有限公司（简称"C公司"），A公司每年与C公司都会有1 500万元左右的交易额，并且在2020年8月、9月和11月分别有500万元、350万元和400万元的贷款到期。因此A公司与B公司约定，可以将应收账款作为购买原材料合同的担保。双方签订了原材料的买卖合同，合同金额1 000万元，并另外签订了应收账款质押合同，合同写明A公司将其对C公司的8月份至11月份共计1 250万元应收账款质押给B公司，作为购买原材料的买卖合同的担保。A公司在2021年3月份之前应将买卖合同的贷款付清，如果到期未付清贷款，B公司有权就C公司归还的1 250万元用于清偿贷款。协议签订后，B公司委托律师事务所在中国人民银行征信中心的应收账款质押登记公示系统将该笔业务做了登记，声明出质人甲市A工业有限公司将其对C国际贸易有限公司的2020年8月至11月到期的所有应收账款，质押给乙市B化工有限责任公司。

【解析】

应收账款融资有保理融资和质押融资两种类型。应收账款保理融资是指企业将应收账款全部转让给保理商，而应收账款质押融资是指企业把应收账款作为质押品质押给金融机构，之后可以通过还清贷款的方式，重新取得应收账款的全部权利。

1. 应收账款保理融资

应收账款保理融资是指债权人向保理商申请，由保理商购买其与债务人因商品赊销而产生的应收账款，债权人为债务人到期付款承担连带保证责任，另外还应承担回购该应收账款的责任。也就是说，债权人把自己拥有的应收账款合法转让给保理商，然后再从保理商处获得融资。

应收账款保理融资的前提是债权人与债务人形成商品赊销关系，产生应收账款。然后，债权人将应收账款转让给保理商，并提出融资申请。随后，保理商会对债务人的经营状况进行评估，给出适合的融资金额。债权人收到融资款后，就会为债务人供应货物。最后，应收账款到期后，保理商会从债务人手中收回应收账款。

2.应收账款质押融资

应收账款质押融资是指企业与金融机构签订合同，把应收账款当作质押品，在合同规定的期限内，以随用随支的方式向金融机构取得短期融资的一种融资方式。

应收账款质押融资主要针对中小微企业，能盘活中小微企业的沉淀资金，有效缓解中小微企业融资担保难的问题，提高中小微企业可持续发展的能力。但是，由于受到相关政策的限制，这种融资方式发展并不迅速，中小微企业融资主要还是以不动产作为担保。

第8章

投资管理：
用闲置的钱去生钱

在整个企业财务管理中，投资管理是非常关键的一个内容。对于老板来说，投资就是用自己闲置的钱去生钱。如果老板对投资不了解，遇到问题就无法作出最正确的选择。老板只有掌握了投资管理的相关知识，才能掌握投资的最佳时机，获得更大的企业价值。

第88问 财务决策的基本方法有什么

【案例】

为了适应市场的需要，智董公司提出了扩大再生产的两个方案。A方案是采用一次到位的方式，建设一个大工厂，可使用10年，需要投资600万元，该企业预计，如果销量好，采用该方案每年能盈利170万元，但如果销量不好，则亏损40万元。B方案是先建设小工厂，然后再根据情况决定是否扩建。建设小工厂需要投资300万元，如销路好，每年能盈利80万元，如果销路不好，则盈利60万元。另外，如果销路好，3年后扩建，扩建需要投资400万元，可使用7年，这样每年能盈利190万元。另外，该企业预计销路好的概率为0.7，销路差的概率为0.3。试用概率决策法选出合理的决策方案。

A方案的净利润=0.7×170×10+0.3×（-40）×10=1 070（万元）

B方案不扩建净利润=0.7×80×10+0.3×60×10=740（万元）

B方案扩建的利润总额期望值=（0.7×80×3+0.3×60×3）+0.7×190×7=1 153（万元）

由以上计算结果可知，在不考虑扩建的情况下，A方案的利润总期望值为1 070万元，大于B方案不扩建的利润总额期望值，所以应该选择A方案。但在考虑了扩建方案后，B方案扩建的利润总额期望值为1 153万元，大于A方案的利润总额期望值，所以应该选择B方案下的扩建方案，即先建设小厂，如果销路好，3年后再对小厂进行扩建。

【解析】

根据决策结果的确定程度，可以把决策方法分为确定型决策方法、风险型决策方法及非确定型决策方法。

（一）确定型决策方法

确定型决策方法一般与决策问题的专业领域相关。由于确定型决策方法面对的决策结果是确定的，决策问题的结构也往往比较清楚，因此可以利用决策因素和决策结果之间的数量关系建立数学模型，并运用数学模型进行决策。得益于近几十年来学者们的不懈努力，各种与财务决策有关的财务理论和决策理论不断完善，使得确定型决策方法可以借助现有的比较成熟的理论模型进行决策。一般而言，确定型决策方法包括优选对比法、数学微分法和线性规划法等。

1. 优选对比法

即把各种不同方案按一定的标准排列在一起，按经济效益的好坏进行优选对比，进而做出决策的方法。优选对比法是财务决策的基本方法，又可分为总量分析法、差量分析法和指标对比分析法等。

（1）总量分析法是指将不同方案的总收入、总成本或总利润进行对比，以确定最佳方案的一种方法。

（2）差量分析法是指将不同方案的预期收入之间的差额和预期成本之间的差额进行比较，求出差额利润，进而做出决策的方法。

（3）指标对比法是指把反映不同方案经济效益的指标进行对比，以确定最优方案的方法。

2. 数学微分法

数学微分法是根据边际分析原理，运用数学上的微分方法，对具有曲线联系的极值问题进行求解，进而确定最优方案的一种决策方法。在用数学微分法进行决策时，凡以成本为判别标准，一般是求最小值；凡以收入或利润为判别标准，一般是求最大值。在财务决策中，最佳资本结构、现金最佳余额决策和存货的经济批量决策都要用到数学微分法。

3. 线性规划法

线性规划法是根据运筹学原理，用来对具有线性关系的极值问题进行求解，进而确定最优方案的一种方法。管理上的很多问题可以看成是在一定限制条件下，寻求总体目标最优。如企业的资金供应、原材料供应、人工工时数、厂房、设备、产品销售数量等在一定时间限度内都是有限的，如何安排生产计划，使企业收入最大，就是一个规划问题。在实际应用中，规划问题的难点在于把现实问题抽象为数学模型，即建模。规划问题的建模依实际问题的复杂程度而难易不同，大量的线性规划问题已经模型化、标准化，但还有很多不断出现的新问题需要不断地去研究和解决。线性规划的方法包括图解法和单纯形法，求解方式一般采用计算机应用软件来进行。

（二）风险型决策方法

风险型决策也称随机决策，是指未来情况虽不十分明了，但各有关因素的未来情况及其概率可以预知的决策。由于决策者所采取的任何一种行为方案都会遇到一个以上的自然状态而引起不同的结果。这些结果出现的机会是用各自自然状态出现的概率表示的。因此，对于风险型决策一般采用概率决策的方法。

所谓概率决策法，就是在各种方案可能的结果及其出现的概率已知的情况下，用概率法来计算各个方案的期望值和标准差系数，并将它们结合起来分析评价方案的可行性，进而做出决策的一种方法。这种方法考虑了财务管理中的风险性，通过概率的形式，体现了对各种可能出现情况的考虑，在财务决策中，多期可选择方案的确定，计算净现值时对预计未来现金流量的确定以及计算期权价值时对预计未来股价的确定等，都可以用到概率决策法。

（三）不确定型决策方法

在企业的财务决策中，常常会遇到一些极少发生或应急的事件，在这种情况下，未来将会出现什么样的情况，在决策的时候是无法具体预测的。具体而言，就是只能了解事物可能出现哪几种状态，但对这几种状态出现的可能性有多大无法确切知道。这就是不确定型情况。例如，某种新产品是否应当投产、某种新设备是否应该购买等。由于企业环境的复杂和企业内部人力、财力、物力和时间的限制，有时不能进行起码的市场调查和预测，因此也将无法确定这些事件的哪一种自然状态将会发生以及各种自然状态发生的概率。可见，对这类事件的决策只能在不确定的情况下作出，即在知道可能出现的各种自然状态，但是又无法确定各种自然状态发生概率的情况下作出，这类决策问题就是不确定型决策。

第89问　投资决策分析的指标有哪些

【案例】

已知某公司拟购买一批机器，5年期间的年平均账面利润为2 000元，对该项目的初始投资为20 000元。

分析：投资利润率（ROI）= P ÷ I × 100% = 2 000 ÷ 20 000 × 100% = 10%

如果这5年内的收入是变动的，则应算出其平均值用作分子。求出项目的平均投资利润率，就可以把它与要求的投资利润率相比，以确定是接受还是拒绝该项目。

投资利润率的主要优点是简单，它利用了现成的会计信息。算出某一项目的投资利润率，就可以把它与要求的投资利润率，或截止投资利润率相比，以确定是接受还是拒绝该项目。这种方法的主要缺点是采用的是会计收入而不是现金流量，它没有考虑现金流入及流出的时间性。资金时间价值被忽略了，因为在这种方法中最后一年的收益与第一年的收益相等。

【解析】

1. 投资决策分析的静态指标

投资决策分析指标按其计算过程是否考虑资金时间价值来区分，可以分为静态分析指标（计算过程不考虑资金时间价值）和动态分析指标（计算过程考虑资金时间价值）两大类。其中，静态分析指标主要有投资利润率、投资回收期和会计收益率。

（1）投资利润率（ROI）。投资利润率又称投资报酬率，是指年平均税后利润与项目总投资的比率。这个比率越高，说明获利能力越强。投资利润率法，就是根据投资方案的高低进行投资决策的一种方法。

（2）投资回收期（PB）。投资回收期简称回收期，是指以投资项目经营净现金抵偿原始总投资所需要的全部时间。该指标以年为单位。因为公司的资金是有限的，充分利用现有的资金，加速资金周转，是公司多获利、快速增长的一个途径，所以资金的有限性通过缩短获利周期的方式得以扩展。因此，投资者总希望尽快地收回投资，回收期越短越好。然而，回收期只是一个投资项目回收投资的时间标准，并没有表明投资项目是否能使企业获利，所以回收期标准并不是一个百试皆爽的灵验方法，只是一个众多基本决策指标中起到辅助作用、提示投资风险的标准，回收越快的投资项目，风险越小，公司由此把握新机会获取更多利益的可能性也就越大。

（3）会计收益率（ARR）。会计收益率是指扣除所得税和折旧之后的项目平均收益除以整个项目期限内的平均投资额的比率。

会计收益率 = 年平均会计收益率 ÷ 年平均投资额 × 100%

会计收益率越高，投资项目的投资价值越大。假设公司采用直线法全额折旧，不考虑所得税的影响，会计收益等于现金净流量扣除折旧费用。

2. 投资决策分析的动态指标

投资决策分析的动态指标在计算时考虑资金的时间价值。这类指标主要有净现值、净现值率、现值指数、内部收益率等。

（1）净现值（NPV）。净现值是指在项目计算期内，按行业基准收益率或其他设定折现率计算的各年现金净流量（包括流入量和流出量，流入为正值，流出为负值）的现值总和。或者说，净现值是指投资项目各年现金流入量的现值之和扣除建设期投资额的现值之和后的余值。投资项目的净现值是一个绝对值指标，它的计算考虑了投资项目每一年发生的现金净流量及其时间价值，弥补了投资回收期的不足。

（2）净现值率（NPVR）。净现值法的另一个指标为净现值率，是指投资项目的净现值占原始投资现值总和的百分比。

（3）现值指数（PI）。现值指数又叫获利指数，是指投资项目的现金净流入量现值与现金净流出量现值之间的比值，它反映了项目的投资效率，即投入1元资金能够取得的现金流入量现值，因此，该值越大越好。

（4）内部收益率（IRR）。内部收益率又叫内含报酬率，是指能使投资项目的净现值等于零的折现率。

第90问　固定资产投资的方法有什么

【案例】

某房地产公司拟增加某设备一台，有甲、乙两种方案，生产能力基本相同，每年平均利润预计都是2.5万元，甲方案投资10万元，使用5年，乙方案投资12万元，使用8年，假设该设备报废时无残值。则：

甲方案投资回收期=2.22（年）

乙方案投资回收期=3（年）

从以上计算结果可以看出，甲方案的回收期较乙方案短，因而甲方案比乙方案优。

【解析】

固定资产投资就是房地产开发企业将资金用于购建房屋、机器设备等固定资产的经济活动，其目的在于提高企业技术装备水平，增强企业竞争能力，以获取更大的经济效益。

固定资产投资包括基本建设投资和更新改造投资两个部分。基本建设投资主要指为增建生产场所、新添固定资产和扩大产品生产能力而发生的投资；更新改造投资是指对现有企业的生产设施进行更新和技术改造而发生的投资。由于固定资产投资大都具有投资数额大、建设周期长、回收期长等特点，而且一经建成，其使用功能和工作地点不易改变或不能改变。因此，固定资产投资决策的成败不仅会对企业近期生产发展方向、生产能力和经济效益等方面产生重大影响，而且会对企业今后的生存和发展以及财务状况带来长期而深远的影响。由此可见，企业在作出固定资产投资决策之前，进行固定资产投资决策分析是十分必要的。

固定资产投资决策分析是在固定资产投资项目落实之前，分析投资项目技术上的可行性和经济上的效益性，进行方案的比较，选择最佳投资方案。决策分析的目的是为固定资产投资决策提供依据。

固定资产投资决策分析从经济上进行分析，就是要测算同一项目不同方案的经济效益。固定资产投资效益好坏的衡量标准，一般来说有两个：一是投入的资金能否较早地收回，二是投入较少的资金能否取得较多的收益。

企业固定资产投资额为现金流出量（资金流出量），企业投资收回的利润额和折旧额为现金流入量（资金流入量），二者统称为现金流量（资金流量）。现金流量的计算方法有两种：非贴现法和贴现法。

1. 非贴现现金流量分析法。非贴现现金流量分析法不考虑时间价值，把不同时间的货币收支看成是等效的，它主要包括投资回收期法和投资报酬率法。

（1）投资回收期法。投资回收期是指收回全部固定资产投资所需的时间。投资回收期法的基本原理是通过对各投资方案投资总额和预计现金流入量之间相互关系的计算，确定需要多长时间（如几年）可以将原投入的全部资金如数收回，然后再比较各投资方案回收时间的长短，以择定最佳投资方案。投资回收期越短，投资效益越好，方案为佳；反之，投资方案为差。投资回收期通常以年表示，其计算公式为：

$$投资回收期 = \frac{投资总额}{年平均利润 + 年折旧额}$$

在计算投资回收期时，若每年的现金净流量不相等，则不能直接用上述公式计算投资回收期，而应按每年年末的累计现金净流量计算。在这种方法下，累计现金净流量与原始投资额达到相等所需要的时间，即为投资回收期。

投资回收期法计算简便，并且容易为决策人所正确理解，但它忽视了货币的时间价值，而且没有考虑回收期以后的收益，从而有可能放弃早期收益较低、中后期收益较高的长期方案。

（2）投资报酬率法。投资报酬率是投资方案的未来期间的年平均净收益与年平均投资额的比率。投资报酬率法的基本原理是按有关投资方案的有效期限，分别计算它们的平均净收益和平均投资额以及二者的比值，确定各方案在未来期限内的年平均投资报酬水平，然后再在有关投资方案之间进行比较。投资的年平均报酬越高，说明投资的经济效果越好。

2. 现金流量贴现法就是把企业未来特定期间内的预期现金流量还原为当前现值。由于企业价值的真髓还是它未来盈利的能力，只有当企业具备这种能力，它的价值才会被市场认同，因此理论界通常把现金流量贴现法作为企业价值评估的首选方法，这一方法在评估实践中也得到了大量的应用，并且已经日趋完善和成熟。

第91问 宏观经济环境变化对投资战略有什么影响

【案例】

工程机械行业是中国机械工业的重要产业之一。其产品市场需求受国家固定资产和基础设施建设投资规模的影响较大，下游客户主要为基础设施、房地产等与宏观经济周期息息相关的投资密集型行业。2008年前后，国内工程机械行业吸引了大量投资，最终导致产能过剩，波及全行业的供需失衡在2012年爆发，行业步入寒冬直至2016年。中国工程机械行业于2016年年初逐步扭转了行业负增长趋势，从2016年下半年起，部分产品产能增长由负转正，行业整体触底反弹。受中国工程机械行业整体复苏影响，中国工程机械巨头三一重工的业绩大幅增长。2017年，三一重工实现营收383.35亿元，同比增长64.67%；归属于上市公司股东的净利润为20.92亿元，同比增长928.35%。三一重工在2017年经营活动中获得的现金流量净额为85.65亿元，同比增长163.57%，为历史最高水平。三一重工净利润大增的主要原因是国内外经济在2017年同步复苏。受基建投资增速、设备更新升级、人工替代、出口增长等多重因素影响，经历了近五年的持续深度调整后，工程机械市场高速增长，行业整体盈利水平大幅提升，市场份额集中度呈不断提高的趋势。全球工程机械信息提供商英国KHL在2018年4月9日发布的"2018年全球工程机械制造商50强排行榜"显示：三一重工以全球3.7%的市场份额，排名榜单第八位。2017年，三一重工的混凝土机械销售收入为126亿元；挖掘机械销售收入为136.7亿元，市场占有率逾22%，连续七年蝉联国内市场销量冠军。报告期内，三一重工全线产品销售量亦大幅增长，挖掘机械、起重机械和桩工机械的销量分别增长 82.99%、93.5% 和 145.52%；且其实现国际销售收入 116.18 亿元，同比增长 25.12%。

【解析】

首先，宏观经济因素将对商业周期产生影响。经济周期是经济运行中周期性出现的经济扩张与经济紧缩交替更迭、循环往复的一种现象，一般分为繁荣、衰退、萧条和复苏四个阶段。经济的周期性波动对公司投资战略的制定和实施会产生重大影响。经济周期的不同阶段表现出不同的经济特征，这就客观上要求公司采取不同的投资战略。任何投资项目的使用寿命都是非常有限的，有的只有三五年，最长的一般也不过是几十年。对于那些使用寿命较短的投资项目来说，经济周期对其未来现金流量的总额具有非常大的影响。因此，公司在投资现金流上也表现出较大差异的特征。

繁荣阶段，由于可以较为容易地筹集资金，且对未来的经营状况具有较好的预期，因此，企业会采取扩张的投资战略，如扩建厂房、增加设备等。这一扩张性的投资战略将导致公司的直接投资现金流维持在较高的水平，而间接投资现金流则表现为相对较小的规模。

衰退阶段，企业由于对未来前景的看淡，筹集资金成本较高，则会采取收缩的投资战略，如可以出售多余设备或转产、停产等。此时，公司会减少直接投资现金流出，直接投资现金流入增加。

萧条阶段，企业一般维持现有规模，并适当考虑一些低风险的投资机会，如出于提高公司现金收益的目的，将现金资产投资于债券、股票等长期投资项目，间接投资现金流增加。

复苏阶段，企业需要对市场中新的投资机会进行分析，确定未来的投资战略。此时，出于未来不确定性的考虑，企业将转化已有的间接投资，为未来的投资战略筹集必要的资金。

其次，政府在商业周期不同阶段的经济政策将会对公司的投融资环境产生影响，这些影响将给公司的现金流带来不确定性。企业在不同的发展阶段都能充分地让行业尊重且不被淘汰，很重要的一点就是创新，这是企业和老板根本的精神之一。这种创新体现在企业自身的发展和管理上，体现在产品的差异化的提升和发展上，体现在老板在企业经营和管理的过程中不断地去学习。制度作为个人或组织的规则，旨在找到某种办法，鼓励个人或组织去从事建设性的活动，按照经济理性主义进行决策，精打细算，用较少的投入创造出尽可能多的产出。同时，还应当解决在复杂和不确定性的世界中给予较稳定的预期。因此，企业在进行投资决策时，有必要在宏观经济环境变动时对公司投资战略的影响进行分析，以确保公司战略的制定与实施。优质的投资项目应该紧贴当地的政治、经济情况，而且能够符合当地文化传统和习俗的需要。

最后，一些宏观经济不确定性因素，如通货膨胀、货币供应量以及利率等宏观经济变量的非预期波动，给企业带来较大的不确定性，从而影响企业投资战略的制定和实施。宏观经济的不确定性加大了企业的经营风险和财务风险。出于控制企业总体风险的考虑，企业会在未来采取措施降低所面临的经营风险和财务风险以保持较高的财务灵活性。另外，任何投资项目决策都会考虑该项目所处产业或行业的经济特征。行业环境对企业投资战略选择有着直接影响。

第92问　企业应避免哪些投资决策误区

【案例】

荣华公司是一家从事多元化经营的大型国有企业集团，最近三年净资产收益率平均超过了10%，经营现金流入持续保持较高水平。荣华公司董事会为开拓新的业务增长点，分散经营风险，获得更多收益，决定实施多元化投资战略。2018年荣华公司投资部聘请一家咨询公司进行多元化战略的策划，2018年年底，策划完成，向公司提交了一份开发TMN项目的可行性报告，为此，公司向该咨询公司支付了50万元的咨询费。之后由于受金融危机的影响，该项目被搁置。2021年公司董事会经过研究认为，TMN项目市场前景较好，授权公司投资部研究该项目的财务可行性。TMN项目的有关资料如下：(1)寿命期：6年。(2)设备工程：预计投资2 000万元，该工程承包给另外的公司，将于2021年6月底完工，工程款于完工时一次性支付。该设备可使用年限6年，报废时无残值收入。按照税法规定，该类设备折旧年限为4年，使用直线法计提折旧，残值率10%。(3)厂房工程：利用现有闲置厂房，该厂房原价6 000万元，账面价值3 000万元，目前变现价值1 000万元，但公司规定，为了不影响公司其他项目的正常生产，不允许出售或出租。该厂房需要在投入使用前进行一次装修，在投产运营3年后再进行一次装修，每次装修费预计300万元。首次装修费在完工的2021年6月底支付，第二次装修费在2023年6月底支付。装修费在受益期内平均摊销。(4)营运资本：为维持项目的运转，需要在投产时投入营运资本，一部分利用因转产而拟出售的材料。该材料购入价值为100万元，目前市场价值为50万元（假设6年后的变现价值和账面价值均与现在一致）；另一部分为投入的现金350万元。(5)收入与成本：TMN项目预计2021年6月底投产。每年收入2 800万元，每年付现成本2 000万元。(6)预计新项目投资后公司的资本结构中债务资本占60%，税后债务资本成本为8.09%。(7)公司过去没有投资过类似项目，但新项目与另一家上市公司（可比公司）的经营项目类似，该上市公司的权益贝塔值为2，其资产负债率为50%。(8)公司所得税率为30%。(9)当前证券市场的无风险收益率为8%，证券市场的平均收益率为15.2%。

【解析】

企业在实践中应避免下面这些投资决策误区：

第一，缺乏追求市场主动权支配地位的意志。企业实施投资战略应紧密围绕其核心业务。企业的投资，首先必须与企业的战略、核心业务和竞争优势相结合。在实施投资战略过程中，企业始终是市场资源的整合者，同时也是企业协调整合市场各个要素的过程——企业将客户、生产商、供应商、金融机构等社会资源组织起来，提供合格的产品或服务。其次，企业通过输出技术、管理和相应资源，使市场资源得以优化配置，降低项目全过程的交易成本，实现自身的经济效益和社会效益。在高度集中的所有权结构条件下，大股东与小股东间的代理问题成为公司治理中重要的代理问题。

第二，战略规划流于主观随意，决策中存在经验主义和形式主义。企业投资理念一旦形成，要一以贯之，不可轻易改变。投资战略的实施最忌讳两个问题：一是朝三暮四，今天说以利润为核心，明天则以产值为目标；二是说与行不一致，有的企业经常讲鸡蛋不要放在一个篮子里，经常讲风险控制，但在具体项目决策时却发生了偏差。

第三，投资全过程大包大揽。投资战略的实施环节很多，企业在市场上有竞争优势的环节要充分发挥，不熟悉的环节要舍得外包出去。不要强求项目所有的环节全部由自身承担。更多情况下，可以将相应的子项目分包给市场价格更优惠、质量更高的组织来实施，提高企业投资业务的整体利润率。否则，企业将为平衡各方利益支出额外的成本。

第四，缺少从多种方案中选优的抉择。选择的项目应当长短结合，长期项目可以提供稳定的现金流和利润支撑；短期项目可以加速资金的周转。此外，在业务形式上也要有一定的配置，使资金来源多样化，从容应对经济周期波动带来的系统性风险。企业达到一定规模时，要建立合理经营模型，量化各种投资配置。

第五，战略缺乏执行系统强有力的支持。这主要分两种情况：一种是战略没有落实到可行的战役行动计划与良好的战术方案上；另一种是战役级作业部门水平低。实施投资战略对技术和管理的要求非常高，开展投资业务，需要企业配备结构合理的能力，需要各种资源支撑，需要及时引进和培养相关人才，提高对新业务的适应能力。由于投资战略的实施，原有业务将通过企业内部的固定关系在内部进行发包，这不同于市场上的竞争行为，不会像外部那样讨价还价，内部激励会逐步弱化。

第六，投资选择失误和市场进退时机失误。要科学地设定企业的投资规模。企业投资应与资本市场、外部金融环境相适应。企业不可能凭自己能力改变经济周期，但在经济周期面前应学会自我调整。在规模和风险发生冲突时，应更多地考虑风险。公司应在一个合理的资产负债率、可承受的风险状态下运行。

第七，企业负责人缺乏超凡的决断力。胜败是兵家常事，关键是掌握成功机会的时候是否能够将战果扩大到最大，或在失败的时候能够做到及时使损失减到最小。企业在投资战略实施过程中，很多运作权力可以放到基层，但决策权应保留在企业高层。必要时，公司要设立专业的决策参谋机构，做到科学决策，慎重实施。可以说，高层的能力、知识结构和风险意识是企业投资战略实施成败的关键性因素之一。

第93问　如何进行多元化投资

【案例】

可口可乐公司曾经在20世纪80年代凭借其对顾客认知的把握、营销和商标管理经验以及其高超的分销能力将其业务活动扩展至葡萄酒的生产和销售领域。然而，该公司很快便意识到，其缺乏关键能力，即关于葡萄酒酿制的知识。尽管可口可乐公司具有进入新行业确保成功的90%的知识和能力，但仍不足以使其获得成功，因为它仍缺乏10%的酿制高质量葡萄酒的能力，而这种能力却恰好是它进入该行业并取得成功所不可缺少的重要战略资产。

【解析】

可持续成长是企业追求的核心目标，就是企业在一个较长的时期内由小变大、由弱变强的不断变革的过程。支撑企业不断成长的内在机制，一是追求持续成长的核心价值理念和实施的战略体系，二是认同这一理念的团队。企业成长通常有内部路径和外部路径两种。内部成长主要是通过横向延长企业寿命曲线的各种措施来实现，包括降低成本、提高生产效率、开拓新市场、开发新产品、加强广告宣传、调整组织架构、加大员工培训力度等。外部成长则是通过纵向托升企业生命周期曲线的各种措施来实现，包括组建合资公司、吸收外来投资、开展技术转让、兼并与收购、长期融资等。内部成长聚焦企业的核心能力，外部成长集中体现在资本运营方面，以实现"突发式"和"跳跃式"的成长。企业成长时，同时进入新产品和新市场领域就是多元化发展。

根据不同产品之间的关系，多元化发展可分为相关多元化和非相关多元化。相关多元化，即利用现有的生产设备、技术经验、销售渠道和客户群，增加与现有产品或服务类似的新产品或服务。这是企业在资金不充足，但生产、技术能力过剩时最容易想到也最容易实施的发展战略。尤其是当企业处于上升行业时，相关多元化能够巩固企业在这个行业的竞争优势。非相关多元化，即增加与现有产品或服务没有关联的产品或服务，进入一个全新的行业。非相关多元化通常是为了避免产品或服务过于单一和集中而增大企业的经营风险，但企业受利益驱动不加选择地进入有着丰厚获利机会的任何行业，反而加剧了经营风险。作为战略取向，多元化意味着企业面临不同的进入壁垒，需要将资源优势分散于不同的产业或项目。多元化在理论上被认为是通过不同产业或产品实现盈亏互补、平滑收益和整体经营风险的战略举措，但是也极易出现"狗熊掰棒子"的投资结局。

第94问　投资决策时的市场定位分析包括什么

【案例】

自2015年以来，白酒行业上市公司普遍经营业绩向好。而金种子酒年报却披露，2017年度实现营业收入12.9亿元，同比下降10.14%；实现的净利润为818.98万元，同比下降51.88%，扣除非经常性损益后的净利润是253.32万元，为近10年来首次亏损。公司营业收入及净利润已连续5个会计年度下降。就此，上交所下发问询函要求金种子酒分产品、分销售区域具体分析营业收入、净利润持续5年下降的原因，是否符合公司业务区域同类产品的经营发展趋势。同时，问询函还关注金种子酒应收账款、应收票据的相关问题。根据年报披露，金种子酒采取经销商为主的销售模式，主要采用先款后货的结算方式，但公司应收账款、应收票据期末余额分别为1.14亿元、1.44亿元，同比分别增长29.16%、32.11%。其中，2017年第四季度较第三季度末新增余额分别为0.23亿元、0.94亿元。就此，上交所要求金种子酒说明营业收入下降，但应收账款、应收票据期末余额显著增加的具体原因。预收款项历来被称为白酒企业的"蓄水池"，其变动情况预示了公司未来发展趋势。

【解析】

企业投资决策要从实际市场需求出发，对市场进行深入细致的调查，根据国家政策的指导与市场供求规律及时调整投资方向，以满足消费者日益变化的消费需求。在投资决策时的市场定位分析，包括3个层次的内容。

首先是市场容量的分析，实际上这是总量市场的潜力分析，是可以预见的最大市场。一般而言，市场供求缺口是指市场需求与供给之间的差额，它取决于以下两个因素：现期的市场需求量及其未来时期的增长量，包括国内需求和出口需求两部分；现期市场供给量及其未来时期的增长量，包括国内产品的供给和进口两部分，增长量包括现有企业增加的产量和计划期内新建企业增加的产量。

其次，需要考虑进入市场的不同方式或渠道。不同的方式一方面体现了企业在市场竞争中的能力和位势，另一方面也是需要权衡进入的成本和企业的资源配置能力。对任何企业来说，市场上有无空隙及空隙有多大，取决于市场对投资的需求量以及该企业的市场竞争能力。在市场分析过程中，"红海"代表现今存在的已知市场空间，"蓝海"则代表未知的市场空间，也是亟待开发的市场空间，代表着创造新需求，代表着高利润增长机会。

最后才是可以获得市场收入，这是企业在一定条件下通过市场竞争获得市场收入，其大小和可持续程度决定了企业投资效益的好坏。企业必须有能力和顾客互动，必须具有柔性能力和柔性网络，以便形成多种共同体验的机会和条件，以便让顾客能够在创造价值的体验中表达自己的需求，使得企业与顾客最后融合在一起。很多时候，市场好，企业经营也会较好，但也有例外。

第95问　产品市场对公司决策的影响体现在哪些方面

【案例】

2017年，中国彩电行业集体遭遇"寒冬"，创维公司的业绩表现同样不甚理想。业绩预告显示，一方面，创维数字股份有限公司在2017年净利润下降幅度介于77.38%～83.55%之间。另一方面，创维数码控股有限公司在国内的电视机销量也在持续下跌，净利润表现同样不容乐观。创维电视机国内销量下跌，主要与国内电视机市场的整体回落有关。奥维云网（AVC）数据显示，中国彩电市场在2017年的销量为4752万台，比上一年下降了6.6%。

创维的发展问题，一是过度地依赖电视机业务，二是企业规模也比主要的竞争对手小。单纯依靠或者是过度依靠电视机业务的增长，没有太大的增长空间。创维对2018年寄予了厚望，提出了营业收入同比增长20%、利润增长2倍的年度目标。此外，为实现千亿目标，在2018年首月，创维在广州和滁州分别落地了智能家电产业项目。

【解析】

产品市场竞争比董事会监督更能对管理人产生激励效果，产品市场竞争更能提高公司决策效率。产品市场对公司决策的影响体现在以下两个方面。

一是从收益的角度来说，激烈的市场竞争会压缩企业的盈利空间，进而影响企业可以利用的内源融资金额，而根据融资偏好次序理论，内源融资的资本成本是最低的，因此是企业首选的投资资金来源。企业内源融资减少，也就意味着企业投资的资本成本会较高，这会打击企业投资的积极性。

二是从风险的角度来说，面对激烈的竞争环境，企业预期收益的实现概率会降低，尤其是在竞争中处于劣势地位的企业，投资项目的预期收益往往不能如数实现。在这样的背景下，企业不会有增加投资的热情。产品市场竞争与公司投资决策是息息相关的。

与项目未来现金流入相关的因素不仅是产销量，还有产品销售价格。在不少项目投资分析报告中，对价格的估计也过于乐观，对未来各年都采用供不应求的价格测算。实际上，任何产品的价格都会随产品的供不应求、供求平衡走向供过于求而表现出涨、稳、跌的态势，除非是较长时期处于垄断地位的产品。

第96问　投资的产品如何定位

【案例】

2017年还在中国市场大放异彩的全球第一内衣品牌"维密"，如今却陷入质量风波。某消费者购买的一款前搭扣维密内衣在穿第二次时就出现了金属扣掉色的情况，尽管维密按照该消费者诉求退还了款项，但这已不是维密首次出现产品质量问题了。在"全球第一内衣品牌"的光环下，摆在维密面前的是如何对产品品质强化管理的难题。

自2015年维密在中国开出首家门店后，目前维密在中国境内已经开了30多家美妆和配饰概念店，以及4家全品类旗舰店。如此备受关注的品牌，产品的质量问题无疑将有损品牌形象。早在2008年时，就有消费者因长期穿着维密内衣出现过敏症状，并将该品牌告上法庭。此后，在2017年上海市出入境检验检疫局集中销毁的大批进口服装中，涉及品牌也包括了维密，原因是在维密发往中国市场的一批内裤产品中检测出甲醛超标，该批内裤的原产地是斯里兰卡。因为多次出现产品质量问题，维密内衣已经被部分消费者打上了"质量堪忧"的标签。

【解析】

对现有的企业而言，投资决策时，必须考虑如何优化现有的产品组合，从而保证企业能够适应环境和资源情况的变化。在分析拟投资的产品是否定位合理准确时，其逻辑分析框架包括4个部分。

第一，产品的定位和市场的关系是密不可分的。只有适应市场的产品才可能在未来获得较好的收益。而且，产品也是市场预测实现的载体，没有适销对路的产品，前期的市场预测则是空泛的猜想。在考虑市场的维度对产品定位时，在对市场进行规模和结构研究的基础上准确进行市场细分十分必要，也是能否聚焦市场需求的关键所在。

第二，产品定位分析要考虑企业的实现成本。再受市场欢迎的产品，其提供过程也是企业组织资源进行生产的过程，这就需要企业在投资决策时统筹各种内外部资源条件和进行详细的成本核算。除了考虑有形和无形的各种成本外，还要考虑实现盈亏平衡的时间，并且在财务上能够平衡生存与发展的现金流分配。另外，如果成本一直居高不下，在一定程度上也反映出产品还不是很成熟，不具备大规模量产的客观条件。在涉及技术研发类的产品时更要多关注技术成熟度和规模化生产的关系。

第三，产品的定位分析一定和产品质量的定位有关系。毫无疑问，任何产品都应该有可靠的质量保证才可以赢得消费者的青睐。但是，产品等级不同，市场定位的高低端不同，产品质量等级也有不同的要求，不能盲目地追求精益求精。

第四，产品的稳定性和创新性应该有一定的节奏。在市场上受欢迎的产品，也不能长期不变，还是需要推陈出新，给消费者提供差异化选择的机会，这样才会引导好消费者的忠诚度，也才能更好地打造产品品牌。但是，不能为了变化而变化，理想的结果是当既有产品已经获得了较好的投资回报后，及时推出新产品满足市场需求，这就需要企业综合考虑技术创新和市场实现之间的时间衔接，并且在生产保障条件上提前准备好。

实际上，低价优质的产品始终可以让企业获得更多的发展机会，企业需要不断强化自己的产品力，即通过质量取胜、以适当的方式生产、让自己的产品成为必需品、为顾客节省每一分钱等行动来塑造企业的产品力。

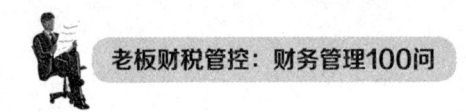

第97问 什么是损失规避

【案例】

索尼公司应用特丽珑彩色显像管技术制造出了彩色电视机,并在20世纪70年代及其后的很长时间内成为阴极射线管电视机时代的领导品牌。然而,不为人所知的是:这项技术险些把索尼公司和它的创立者井深大推向破产的深渊。

早期的特丽珑显像管技术不够成熟,产品实际生产成本竟然是销售价格的两倍多。面对这种情况,索尼公司管理层纷纷对特丽珑生产线的存在提出了疑问。但是,井深大力排众议,坚持彩色电视机的生产,直到1966年索尼公司濒临破产,井深大才不得已终止了彩色电视机的生产计划。井深大在最初决策时对新产品不适合投入大批量生产的技术情况采取了忽略态度,之后受损失厌恶和后悔厌恶的影响,无法抛弃沉没成本和承认自己的决策失误,最终给企业造成了难以估量的损失。

【解析】

现实中,管理者通常会有"损失规避"的倾向。"损失规避"指相对于某一参照点,人们对于损失的厌恶程度要远远大于相同量的所得所带来的高兴程度。因此,当项目发生的损失累计扩大时,决策者通常继续追加项目投资,不愿意承认已有的损失,更愿意冒风险赌一赌寻找解决方案。这时候,沉没成本和对项目所负责任的大小都成为决策者追加投资的参考。在现实生活中,损失对人们造成的负面刺激程度远远高于同等收益对人们的正面刺激程度。人们常常具有损失厌恶的非理性行为特征。因此,人们在面对损失时倾向于追求风险,甘愿冒更大的风险来追回既定的损失。人们在面对获得时，更倾向于规避风险，尽量保全确定性的收益。企业的决策和实施往往是一个较为长期的行为过程，决策者面对投资过程中出现的损失，容易产生强烈的情绪，这必然会增加决策者的非理性行为，导致其不能理性地分析投资现状和前景，表现为孤注一掷的行为。决策者对已经面临失败的投资仍不愿意选择退出，而是付出更大的努力和代价来弥补亏空，甚至追加额外投资进行最后一搏，演变为恶性增资。也就是说，鉴于投资过程中客观情况的不确定性，给予了决策者赌博环境，投资过程中主观的损失厌恶情绪使他们不愿意接受损失，甘愿通过赌博的冒险行为来弥补损失。这可能使公司在投资项目上再次犯同样的错误，这种不理智的行为，极大地损害了股东利益，并危及企业的长期发展。

第98问　投资决策如何用好财务杠杆

【案例】

福田汽车2017年年报显示：公司销售汽车60.08万辆，实现营业收入517.1亿元，分别同比增长13.1%和11.13%。汽车销量的提升并没有同步反映到盈利能力上，2017年公司仅实现利润总额0.47亿元，归属于上市公司股东的净利润1.12亿元，分别同比大幅减少90.86%和80.25%。尽管福田汽车2017年度维持了超过1亿元的账面盈利，但并不能掩盖扣除非经常性损益后的净利润连续4年出现负数的事实。财报数据显示，2014—2017年，福田汽车分别实现净利润4.77亿元、4.06亿元、5.67亿元和1.12亿元，同期非经常性损益分别为10.32亿元、10.78亿元、9.44亿元和9.41亿元，最近4年主营业务合计亏损24.33亿元。以2017年为例，公司实现盈利1.12亿元，一笔高达12.63亿元的投资收益功不可没。扣除非经常性损益后，福田汽车2017年主营业务实际亏损8.3亿元。2017年，整个中国商用车市场回暖趋势明显，很多车型一度供不应求。在这种情况下，福田汽车销量增长但盈利水平大幅降低，主要和大规模投入建设新工厂和生产线直接相关，快速增加的财务费用吞噬了净利润。一边是主营业务缺乏造血能力，一边是高达近百亿的巨额偿债赤字，如果接下来没有足量外部资金注入，那么福田汽车将面临资金链断裂和债务违约的风险。

【解析】

财务杠杆系数是反映财务杠杆效应的指标，财务杠杆系数＝权益资本利润变动率／息税前利润变动率，或财务杠杆系数＝息税前利润／（息税前利润－利息费用）。企业负债经营要获得额外收益的前提条件是息税前利润率大于负债资本利息率，即财务杠杆系数大于1时产生财务杠杆正效应，适度负债可以增加企业价值；反之，如果负债过度，财务杠杆负效应会给企业带来损失，降低企业价值。

财务杠杆的实质是对负债的利用，而其利用的好坏，关键在于负债的规模。对于处于上升期的企业，负债规模越大，财务杠杆利益越多。

企业在进行投资决策时，要综合考虑本企业所在行业特点、所处发展阶段，根据企业资产结构、当前盈利水平、预期收入规模及现金流量等因素，客观评价自身的偿债能力，以此来确定长短期负债额度、类型及比例，使债务资本既能够满足企业发展的需要，又有利于发挥财务杠杆的积极效应。根据现有生产能力和产量综合分析市场容量和产品市场占有率等因素，预测产品的未来销售量；通过对固定成本和变动成本的分析预测企业生产经营成本等。变动成本预测要考虑生产技术改进、劳动生产率提高、经营管理能力等因素的影响。运用经营杠杆系数测算销量变动对息税前利润变动的放大效应，正确预计企业借入资本后可能产生的息税前利润。利率的选择取决于企业的经营状况、负债比例、资产的流动性和企业信用程度的高低。如果企业信用程度较高，盈利状况良好，发展前景乐观，会吸引商业银行以较低的贷款利率为其提供贷款，即使增加负债总额,也不会使债务成本提高,不会加大财务杠杆系数。宏观经济向好时,更利于财务杠杆正效应的发挥。首先,项目实施前,要进行充分的调研,保证项目投资具有极大的市场发展前景和潜力,是国家政策大力支持和扶持的产业,能够获得银行贷款;其次,要关注资本市场对企业融资需求的反应,以此判断企业的负债融资决策是否合理,从而决定是否继续举借新债。

第99问　投资决策体系至少要分几个层次

【案例】

"维维豆奶,欢乐开怀",这句广告语曾经家喻户晓,但目前的维维股份却无法欢乐开怀,处境反倒有些尴尬。维维股份发布的2017年年报中,在营收微增的基础上,公司扣除非经常性损益后的净利润却为亏损,且下降幅度高达589.18%。年报数据显示,2017年公司实现营业收入46.67亿元,同比增长4.1%;归属上市公司股东的净利润为9 151.17万元,同比增长30.5%。归属于上市公司股东的扣除非经常性损益的净利润为8 591.58万元,比上年同期减少了589.18%。维维股份目前主要的问题是主业不强,副业太弱。从主业来看,产品的创新、升级都缺乏动力,包括市场覆盖率、企业机制等都存在问题。资料显示,维维股份于2000年6月份在上海证券交易所上市,其主打的品牌——维维豆奶曾占据很大的市场份额,彼时其也是中国食品饮料行业为数不多的上市公司之一。上市后的维维股份进行了多元化布局,在房地产、白酒、煤炭、茶叶和生物制药等行业都有所涉足。不过,维维股份的房地产、煤炭、生物制药等业务都以失败告终。2007年,维维股份曾计划与中粮地产共同成立中粮维维联合置业有限公司,参与徐州新城区的开发建设,不过没过多久,就以失败

收场。2008年，维维股份曾出资1 000万元与同济大学教授合作成立生物技术公司，最后也不了了之。2011年，维维股份收购了一家煤化工企业，但也惨淡收场。维维股份2017年年报显示，除了固体饮料比2016年微增0.22%之外，酒类、动植物蛋白饮料、茶类的营收都比2016年有不同程度的减少。其中，酒类营收减少幅度最大，比上年减少了33.93%。在主业不强的情况下，维维股份进行多元化的布局，导致了现在整体运营状况不佳、业务无法聚焦的局面。

【解析】

投资决策体系至少要分3个层次。

第一个层次是级别比较低的管理部门，主要负责投资项目前期的尽职调查、项目评估和可行性研究。在立项前要严格履行职责，对投资项目的可行性进行深入调查、认真分析，为经理层提供详尽的论证报告。

第二个层次是经理层，主要负责对下属提交的项目论证结果进行审查。经理层需站在综合管理的角度对项目未来的销售状况、人力资源、成本控制及风险水平等进行综合评定。

第三个层次就是决策层，拥有投资项目的最终决策权，主要把握企业的发展战略，对经理层提交的项目进行综合评定并结合企业发展战略进行讨论研究，最终作出决策。

三层决策体系每一层都有意见反馈，必然会提高项目的成功率。因此，研究企业投资风险应对投资目标、投资地点、投资方向、投资领域、投资方式、投资时机、融资策略和投资规模等要素进行风险分析，以便企业结合自身的实际情况制定出切实可行的投资战略方案，做到在制定战略方案时既对有关风险进行防范和回避，又对拟实施的投资战略方案的风险有所认识，为实施过程的风险管理提供依据。另外，还需要详细分析企业投资目标与企业任务、目标之间的关系是否相容；企业投资目标体系是否合理、具有一致性；企业投资目标是否具有动态应变性；企业投资目标体系的定量化指标是否经过了充分的论证，资料是否完全；企业投资目标中所定的时间限制是否合理；企业投资目标表述是否明确、具体，易于所有员工理解，是否具有挑战性和激励性，能否调动各方面的积极性。

第100问　投资决策面临的主要风险有哪些

【案例】

2018年4月18日，方直科技发布的年报显示：2018年，该公司有一笔约8 000万元的投资款正待收回。该笔投资款目前约有1 471万元到账，后续能否收回余款仍存风险。由于主营业务盈利能力较弱，该笔投资款能否顺利回收，对方直科技今年业绩和分红可能都有着重要影响。

2017年1月18日，方直科技以1.01亿元自有资金取得千锋互联12%的出资比例，千锋互联的整体估值达到8.42亿元。

成立于2011年的千锋互联是一家致力于IT人才培养的职业培训机构，总部设在北京。方直科技表示，公司将借本次投资切入非学历教育细分市场。

2016年前三季度，千锋互联营业收入和净利润分别为2.41亿元、3 217万元。而在2017年前三季度，千锋互联的营业收入已经下滑到1.27亿元，亏损高达4 303万元。与此同时，受困于行业低迷，千锋互联优秀教师大量流失，公司面临严重的经营困境。千锋互联业绩不佳，方直科技也急于回收这笔投资款。

2017年5月25日，方直科技宣布，向千锋互联及其原股东合计收取2 047万元退款。同年12月28日，方直科技再次发布公告，要求千锋互联及其原股东退还剩余8 100万元及利息。

【解析】

投资风险既有来自市场变化的风险，包括各种资源市场和产品市场的变化，如供求关系和价格的变化；也有来自体制变革、政策变化的风险；还有来自技术进步、自然因素等诸多方面的风险。

1. 市场风险

如果不了解市场和变化趋势，项目建设就成了无源之水。巨大的市场空间并不代表投资项目所占的市场份额，只有通过市场营销战略研究和组织实施，并对行业竞争状况及潜在竞争对手进行深入研究，才能准确发现适合项目产品的市场机会。市场是连接生产和消费的桥梁和纽带，在项目能否获得成功的问题上，市场拥有最终的发言权和裁判权。一项投资的产品竞争力直接对项目的收益产生影响。没有竞争力就没有市场份额，产品也就失去了存在的理由，收回投资也就成为泡影。

竞争因素可以从两方面来加以区分，首先是产品自身所能体现的竞争能力，它是产品在竞争中所必须修炼好的"内功"，主要包括产品独特性、产品质量和售后服务等方面；其次是外部竞争因素所产生的作用，包括替代产品、竞争对手实力及其战略等方面。社会平均需求能够对整个社会的需求状况做出粗略的反映，而消费者偏好作为社会平均需求基础上的个性化因素则侧重于满足某些特定消费者的特殊需求。因此，研究消费者偏好对于投资决策具有重要的意义。

2. 技术创新风险

在现代经济生活中，新技术层出不穷，替代技术出现的广度不断扩大，深度不断加大，力度不断加强，频率不断加快，从而使技术因素对投资收益的影响越来越大。投资活动作为企业不断提高自主创新能力的重要途径之一，在投资项目可行性研究中，既要处理好技术的先进性、适用性问题，又要充分考虑技术可行性基础上的自主创新空间。通过投资项目采用国内外的先进技术并在实际生产过程中消化吸收，有可能产生自主和创新的跨越式发展机会，并在市场需求的推动下，集合一定时间内的人力资源和资金，切实提高自主创新能力，会较快产生经济效益。

对于技术创新风险的防范而言，首先，成熟的先进技术可积极采用，如果是初次采用的技术工艺，那么应对使用中可能遇到的风险和困难进行细致调查，分析利弊，减少冒险使用的损失。其次，要充分考虑技术的可行性。如果建设项目采用的是国内科研成果，那么必须经过工业试验和技术鉴定；引用专利技术必须注重其实效性，避免将已失效或非专利技术作为专利技术引进，造成对建设项目的安全性和可靠性的威胁。

3. 资源及动力供应风险

企业的投资活动需要统筹资源和投资的关系。首先，要从项目建设和运营的客观要求出发，研究资源的约束和产业链上下游的制约。其次，也要从履行企业的社会责任角度，投资有利于建设资源节约型、环境友好型社会的投资项目，减少各种浪费，走内涵式的发展道路。因此，在项目可行性研究阶段，企业需对原材料，尤其是资源性原材料的储藏量、开采量或生产量、消耗量及供应量予以高度重视。而且，企业还要对项目所需原燃料、动力的供应条件、供应方式能否既满足项目生产的需要又做到经济合理地加以利用予以落实。

4. 资金风险

对投资项目而言，资金筹措是落实投资项目资本金后，根据投资项目的具体情况，筹集银行信贷资金、非银行金融机构资金和外商资金等。加强投资项目筹资风险防范，需重点分析筹资渠道的稳定性，并严格遵循合理性、效益性、科学性的原则，尽量选择资金成本低的筹资途径，减少筹资风险。

5. 投资建设风险

投资设施布置应符合国家的现行防火、安全、卫生、交通运输及环保生态等有关标准、规范的规定，通过客观、公正、科学地进行多厂址比

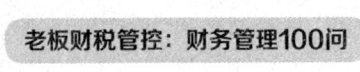

选，以取得良好的经济效益。投资项目厂址选择必须符合工业布局及城市规划要求，并靠近原料、燃料或产品主要销售地，靠近水源、电源，交通运输条件及协作配套条件要方便经济；工程地质和水文条件要满足项目厂址选择需要，总体布置要紧凑合理，尽量提高土地利用效率。

6. 其他风险

不可抗力、人力资源风险、环境风险等，众多风险存在于整个投资项目的始终。对于这些投资风险而言，应在风险尚未出现时充分利用现有的资源和条件监视风险，采取相应的措施使风险尽可能地不发生；在风险初见端倪时把它消灭在萌芽阶段；在风险确实出现时对它加以控制和管理，以减少它所带来的不利影响以获得盈利。